In SEINER Liebe leben

Wonach das Herz sich wirklich sehnt

Nicole Bernard

Aufbruch Verlag

Aufbruch-Verlag
der Gemeinde auf dem Weg e.V.
Babelsberger Str. 37, 10715 Berlin
Tel: +49 (0)30 85 79 19 65
Fax: +49 (0)30 85 79 19 67
E-Mail: av@gadw.org
http://www.aufbruch-verlag.de

1. Auflage 2005 (3.000)
ISBN 3-926395-37-0
Covergestaltung: Jonathan Margies, Berlin
Illustrationen: Abigail Sanders
Druck: Freiburger Graphische Betriebe

Nur eine Sache kann dem Menschen
nicht genommen werden:
die letzte der menschlichen Freiheiten –
die Wahl seines eigenen Wegs.

Viktor Frankl

Inhalt

Vorwort von Reinhard Bonnke

Im Anfang war die Erde wüst und leer – so lesen wir es am Anfang der Bibel. Gott, Schöpfer Himmels und der Erde, sprach und wirkte in dieses Chaos hinein. Dies hat sich bis heute nicht geändert, weil ER sich niemals verändert. Wo immer Menschen in ausweglosen Situationen oder im Chaos leben, ist ER da, um denen zu helfen, die Ihn anrufen, und Neues in ihrem Leben zu schaffen. Dies erleben wir millionenfach bei unseren Großevangelisationen in Afrika, wo ganze Städte und Gebiete durch die Liebe und Kraft Gottes Veränderung erfahren.

Wer in der Liebe Jesu lebt, kann gar nicht anders, als das zu tun, was ER getan hat. Die Liebe Jesu sucht und rettet. Um es mit den Worten des Apostels Paulus zu sagen: *„Denn die Liebe drängt uns."*

In seiner Liebe zu leben heißt für mich, ihn zu verkündigen. Wir sind begeistert von seiner Kraft. Denn keine Macht in der Welt kann das vollbringen, was wir bei all unseren Evangelisationen erleben. Hunderttausende werden gerettet durch die Macht des Wortes und das Blut Jesu. Das ist Offenbarung der Kraft Gottes – dies ist Proklamation, wie Jesus sie uns aufgetragen hat.

Ich wünsche jedem Leser dieses Buches, dass er selbst die verändernde Liebe Jesu erlebt, dass eine Leidenschaft zu den Verlorenen in ihm geweckt wird und er selbst erfährt, wie die Kraft Gottes in ihm wirksam wird – seinem Auftrag gemäß „in Seiner Liebe zu leben"!

Reinhard Bonnke
Evangelist

Vorwort von Bayless Conley

Vor mehreren Jahren war Nicole Bernard eine Frau mit vielen brennenden Fragen über das Leben und über Gott. Sie suchte von ganzem Herzen nach Antworten. Der Herr begegnete ihr auf ganz ungewöhnliche Weise.

Ich war sehr ermutigt, ihre Geschichte zu hören, weil sie auch mit unseren deutschen Fernsehsendungen zu tun hat. Ich glaube, dass Sie durch den Bericht von Nicole's Suche und ihrer Begegnung mit dem Gott aller Gnade gesegnet werden. Sie ist eine erstaunliche Frau mit einer erstaunlichen Geschichte.

Pastor Bayless Conley

Wer in der Bibel zu lesen beginnt,
der stellt die üblichen Fragen,
ungeduldige, unverständige,
hochmütige Fragen.

Alle diese Fragen bleiben ohne Antwort.

Wer trotzdem weiterliest, dem beginnt die
Bibel ihre Fragen zu stellen.

Wer ihnen nicht ausweicht, findet das Tor
zum Leben.

Horst Bannach

Segeln Sie los!

Es gibt viele Gründe, um ein Buch in die Hand zu nehmen und darin zu lesen. Für mich gab es nur einen einzigen Grund dieses Buch zu schreiben: Eine fantastische Entdeckung, die mein Leben veränderte.

Die Bibel sagt: „Hört und ihr werdet Leben finden" (Jesaja 55,3). Was damit gemeint ist, habe ich am eigenen Leib erfahren und so möchte dieses Buch Ihnen aufzeigen, wie einfach und wunderschön es ist, in eine Beziehung mit Jesus Christus zu treten, und geht mit dem Wunsch hinaus, neugierig zu machen auf einen Lebensstil, der im Wesentlichen beinhaltet, Freundschaft mit Gott zu schließen und alle daraus erwachsenden Segnungen zu empfangen. Dass dieses Buch jetzt in Ihren Händen liegt, ist kein Zufall, denn bei Gott gibt es keine Zufälle. Gott geht Ihnen bereits nach, er weiß, dass Sie nach ihm suchen, und er möchte sich sehr gerne von Ihnen finden lassen.

Es ist wohl das größte Wunder meines Lebens, dass ich entdecken durfte, dass es einen lebendigen Jesus Christus gibt, der für meine Sünden am Kreuz starb, den Tod überwand, am dritten Tage wieder auferstand und heute zur Rechten Gottes sitzt, unserem liebenden Vater im Himmel. Das klingt wie ein modernes Märchen für Sie? Wunderbar. Dann gehören Sie zu den Personen, die dieses Buch unbedingt lesen sollten, gerade weil Sie noch keine lebendige Erfahrung mit unserem Gott gemacht haben und auf Beweise dieser Lebendigkeit und Existenz gespannt sein können. Es gibt einen Weg, um in diese Erfahrung hineinzukommen und Gott wird sich Ihnen offenbaren, wenn Sie ihn wirklich mit brennendem Herzen suchen. In der Bibel, in Jeremia 29,13 steht: *„Und sucht ihr mich, so werdet ihr mich finden, ja, fragt ihr mit eurem ganzen Herzen nach mir, so werde ich mich von euch finden lassen, spricht der Herr."*

Sind Sie bereit für solch ein Abenteuer? Dann werden Sie heute zum Entdecker und machen es wie einst Christoph Columbus – segeln Sie los! Da ist ein geistliches Land, das zu betreten sich lohnt, entdecken Sie die biblischen Wahrheiten und erleben Sie Segnungen in Ihrem Leben, die Ihre Vorstellungskraft übertreffen werden. Geben Sie Ihrem Entdeckerherz einen Ruck und Gott eine Chance, Sie zu berühren; fangen Sie heute neu zu leben an!

Dieses Buch richtet sich an Menschen, die sich für den christlichen Glauben interessieren, und ist für solche geschrieben, die eine Entscheidung für ein Leben mit Jesus Christus treffen möchten, um die bereitgestellten Segnungen dieses gnädigen Gottes zu empfangen. Kennen Sie diesen liebenden Gott? Alles Gute ist ihm eigen und indem Sie entscheiden, sich von ihm beschenken zu lassen, offenbart er Ihnen seine Liebe und überführt in seiner sanften einzigartigen Art in die tiefe Erkenntnis, dass sein Sohn Jesus Christus der Weg, die Wahrheit und das Leben ist und dass die Wahrheit in die Freiheit führt.

Gott ist an Ihrem Alltag interessiert, an Ihren Problemen und Schwierigkeiten und will Heilung in alle Bereiche Ihres Lebens bringen, wenn Sie ihn einladen, an Ihrem Leben teilzuhaben. Jesus Christus möchte sich erweisen als liebende, höchste Person und Instanz und möchte Sie beschenken mit göttlichem Frieden. Kein Wort kann tatsächlich beschreiben, was es bedeutet, wie es sich anfühlt, gemeinsam mit Gott durch das Leben zu gehen. Unsere irdischen Worte und Dimensionen werden die Fülle und Herrlichkeit dieses Gottes nie erfassen können, und so ist es die praktische Erfahrung jedes Einzelnen, das Unfassbare zu erfassen, das Unbegreifliche zu ergreifen.

Wie Sie dorthin gelangen? Sie finden hier kein Rezept, denn das Rezeptbuch für Ihr Leben ist die Bibel, und Sie werden beim Lesen dieses Buches erfahren, dass Gottes Rezept ihr Leben köstlich schmecken lässt, dass Sie mit der Bibel, der Heiligen Schrift, den größten Schatz Ihres Lebens gefunden haben.

Ich bete für Sie, dass Gottes Wort Ihr Herz berührt und in Ihnen eine Sehnsucht freisetzt, Gott nahe zu sein, wie wir sie nur von Liebenden kennen.

Die eigenen Wege führen
im Kreise immer zu uns selbst zurück.

Aber wenn Gott unsere Wege leitet,
dann führen sie zu ihm.

Gott leitet uns durch Glück und Unglück –
immer nur zu Gott.

Daran erkennen wir Gottes Wege.

Dietrich Bonhoeffer

Ein Blick zurück

Schon immer hatte ich den brennenden Wunsch zu verstehen, worin der Sinn des Lebens besteht und warum ich eigentlich hier bin. Wenn ich zurückblicke, wird mir klar, dass es in meinem Leben immer um die Suche nach Wahrheit und Erkenntnis ging. Dabei komme ich aus einem atheistischen Elternhaus, in dem intellektuell und ungläubig erzogen wurde; ein Ort, an dem es keinen Platz für Wunder und die Kraft Gottes gab. Das beinhaltete eben, dass das Leben ein Zufall, der Glaube an Gott eine menschliche Erfindung, und Glaube und Religiosität etwas für Schwächlinge sei, die in ihrem intellektuellen Versagen einem Hirngespinst zum Opfer gefallen waren.

So wuchs ich mit einer inneren Haltung der Ablehnung zu den Gläubigen auf, was sich bis weit in mein Erwachsenenalter fortsetzte. Christen waren für mich blasse, unattraktive, kraft- und willenlose Kreaturen, die Erfolg in ihrem Leben längst abgeschrieben oder nie kennen gelernt hatten. Sie redeten für mein Verständnis zu leise, kleideten sich unzeitgemäß altmodisch, vernachlässigten ihr Äußeres, glänzten durch ungewaschenes, fettiges Haar und hatten in meinen Augen eine gestörte Beziehung zum Geld, was sich darin äußerte, dass sie unübersehbar in einem Geist der Armut lebten. Und je geistlicher jemand lebte, umso ärmlicher gestaltete sich sein Leben. Eigentlich gab es gar nichts, was mich hätte veranlassen können, ihre Nähe zu suchen, oder die Lust hätte wecken können, solche Menschen eines Tages meine Geschwister nennen zu wollen. Und doch kam alles ganz anders.

Bereits als kleines Mädchen ahnte ich, dass es Gott gibt. Immer wenn ich bei meiner Großmutter übernachtete, betete sie abends an meinem Bett für mich, und ich erspürte mit kindlichem Herzen die Kraft des Heiligen Geistes. Es waren die stillen Momente, der Raum zwischen den Zeilen eines kleinen Gebets, in denen ich etwas vernahm, was sich heilig anfühlte.

Jahre später bekam ich von meiner Großmutter ein Medaillon an einer silbernen Halskette geschenkt. Voller Freude öffnete ich das Amulett, doch es war leer. Mit kindlicher Schrift schrieb ich auf ein

Zettelchen: „Ich glaube an Gott" und füllte das Medaillon mit dieser Inschrift. Eigentlich glaubte ich damals gar nicht an Gott, aber ich erinnere mich heute, dass ich damals gerne an Gott glauben wollte. Nur wusste ich nicht, wie man es so machte, richtig an Gott zu glauben. Doch um vor Gott bestehen zu können, zählt allein unsere Absicht, denn in 1. Samuel 16,7 steht: *„Ein Mensch sieht, was vor Augen ist; der Herr aber sieht das Herz an."*

Auf eine ehrliche Absicht im Herzen reagiert Gott immer, jeder kleinste Schritt, den wir Gott entgegen gehen, wird von ihm gesehen. Als Teenager wirkte mein suchender Geist anders in mir, indem ich meiner Suche zeichnerisch Ausdruck verlieh. So erinnere ich mich an ein selbstgemaltes Bild, das ich „Nonne am Meer" nannte. Später begeisterte mich der Surrealismus, und ich drückte meine Suche durch die malerische Aufhebung von Gesetzmäßigkeiten und begrenzenden Vorstellungen aus. Doch dann wurde diese Suche allmählich immer weniger und eines Tages vergaß ich Gott einfach.

Ich machte meine Ausbildung zur Tänzerin und heiratete sehr jung, bekam meine ersten drei Kinder schnell hintereinander und wurde noch vor meinem dreißigsten Lebensjahr schwer krank. Drei Jahre wurde ich von schlimmsten Drehschwindelattacken gequält und war ans Bett gefesselt. Ich war mit der Zeit nicht mehr in der Lage, mich auf meinen zwei Beinen zu halten, immer drehte und schwankte alles um mich herum und ich verlor jegliche Autorität über mein Leben.

Ich verlor meinen Beruf, meine Aufgabe als Mutter war kaum zu bewältigen. Ich erinnere mich an eine Situation, in der ich nicht durch den Türrahmen gehen konnte, weil ich durch die Orientierungslosigkeit immer wieder dagegen lief. Aber das war noch nicht alles, denn eines Tages bekam ich eine psychogene Blindheit hinzu. Ich wusste gar nicht um die Existenz eines solchen Krankheitsbildes, doch ich konnte nur noch Dinge erkennen, die sich in unmittelbarer Nähe befanden, meine Sichtweite war auf ca. fünf Meter begrenzt, alles was dann kam, war einfach schwarz.

Den Höhepunkt erlebte ich wohl in einer Nahtoderfahrung, die ich machte, als ich tagsüber entkräftet in meinem Bett lag. Völlig unerwartet schwebte ich durch einen lichterfüllten Tunnel und ich erlebte, wie sich meine Seele vom Körper trennte und aufstieg, wegschwebte, schwerelos aufstieg, dem „Nichts“ entgegen. So erlebte ich meinen Körper noch im Bett liegend, doch gleichzeitig konnte ich auf ihn herunterblicken. Ich war aus meinem Körper herausgetreten und nur ein dünner Faden verband noch den Körper mit meiner Seele und mit der Funktion meines Herzschlages.

Alles spielte sich in meinen innersten Wahrnehmungsräumen ab und es war mir unmöglich, mich für meine Umgebung bemerkbar zu machen. Ich kämpfte um mein Leben und schrie innerlich zu Gott (das erste Mal in meinem Leben), dass ich in dieser Welt noch nicht fertig sei und ich meine Kinder noch großziehen müsse. Ich weiß nicht, wie es kam, aber irgendwann erwachte ich wieder und eine höhere Macht hatte mich offensichtlich wieder in das Leben zurück katapultiert.

Das war eine der einschneidendsten Erfahrungen in meinem Leben, die mich noch viele Jahre später beim Erzählen zu Tränen rührte. Von diesem Tag an war ich innerlich verändert, ich hatte für einen Moment eine Welt betreten, von der ich vorher überhaupt nicht wusste, dass es sie gibt. Ich hatte eine Dimension berührt, für die unsere Worte nicht ausreichen, um sie zu beschreiben, eine Schwerelosigkeit gefühlt, ein Licht gesehen, einen Frieden geatmet, der mich auf eine wunderbare Weise in ein Wissen hinübernahm und mir einhauchte: hier beginnt eine andere Welt.

Diese Grenzerfahrung betrachte ich heute noch als ein göttliches Geschenk, mit einer Heiligkeit in Berührung gekommen zu sein, die das Leben an sich in einem neuen Licht erscheinen lässt. Doch meine gesundheitlichen Probleme waren dadurch nicht gelöst. Ich war wirklich am Ende und konsultierte jegliche Art von Ärzten, die Ursache blieb aber ein Rätsel und entsprechend gab es keine Therapie und keine Hoffnung, dass meine Blindheit, die Sehstörungen, der Drehschwindel und die Orientierungslosigkeit jemals aufhören würden.

Die Folge waren Depressionen und Angstzustände, und das dehnte sich aus zu einer schweren Form der Agoraphobie mit Angst und Panikattacken, und so war ich gefangen in meinem Haus und in meinen Ängsten.

Zwei Jahre verbrachte ich in diesem akuten Zustand, als es in meiner größten Verzweiflung eines Tages an meiner Haustür klingelte und eine Nachbarin mir Hilfe anbot. Sie gewann mich für eine Heilbehandlung und legte mir die Hände auf. Und ich sog es förmlich auf, es fühlte sich gut an und ich bekam von nun an regelmäßig meine Energieschübe durch diese Behandlungen. Ich war froh, endlich einen Weg der Hoffnung gehen zu können, mit der Perspektive der Heilung.

Es dauerte nicht lange und da wies sie mich in das Lesen der Tarot Karten ein und mit dem täglichen Kartenziehen baute ich mir eine imaginäre Brücke zurück ins Leben. Auf diese Art bekam ich Antworten, Trost und vor allem Hoffnung, um mein Leid zu verstehen, und hoffte, dieses eines Tages zu überwinden.

Es entwickelte sich mit der Zeit eine tiefe Freundschaft zu meiner Nachbarin und sie wies mich immer tiefer in die esoterischen Inhalte ihrer Lebensphilosophie ein. So entwickelte ich eine Vorliebe für Steine und Kristalle und konnte ihre Energiefelder mit der Zeit erspüren und für mich nutzen, immer darum ringend, Lebenskraft, Heilung und Wiederherstellung zu erleben. Ich las entsprechende Literatur und hatte mir nach relativ kurzer Zeit ein völlig neues Weltbild zurechtgezimmert, in dem mein Leid einen Sinn bekam und ich mich emotional abhängig machte von Wahrsagekarten, astrologischen Prognosen, Transzendentaler Meditation, Reinkarnationstheorien, Visualisierungstechniken, energetischen Kräften aus Steinen, und der Heilkraft von Kristallen. Ich wollte leben! Und dafür griff ich nach jedem Strohhalm.

Ich erwähne diese Erfahrungsbereiche an dieser Stelle, weil ich dem Leser offen legen möchte, dass ich weiß, wovon ich schreibe, wenn ich heute sage, dass es nur den Einen gibt, der wirklich frei macht, und das ist Jesus Christus. Ich muss mir heute keinen Stein umhängen, damit es mir gut geht und ich muss keine Karten befragen, bevor ich eine Entscheidung in meinem Leben treffe. Auch muss ich keine Meditationsmantras in mich hineinmurmeln, um mich in einen Zustand der inneren Balance zu bringen. Ich habe Jesus, meinen Erlöser, er wohnt in meinem Herzen, er schenkt mir Frieden und Gewissheit, in der Geborgenheit Gottes zu wohnen und stellt mich mit dem Wort Gottes, der Heiligen Schrift, auf ein gesundes und geheiligtes Fundament.

Es ist das Wort Gottes, das in die Wahrheit führt, und die Wahrheit macht frei. Ich lehne heute den gesamten esoterischen Lebenshilfebereich ab, weil es ein gefährliches Experimentieren mit Mächten und Kräften ist, die in der geistigen Welt tatsächlich existieren, jedoch Abhängigkeiten schaffen, die mit der Zeit mehr und mehr vereinnahmen, berauben, bis sie einen Menschen ganz besitzen und nie in den erhofften Frieden führen.

Meine Zeit der Krankheit und der Verzweiflung überwand ich letztendlich mit einer zweijährigen Verhaltenstherapie. Ich erlernte die alltäglichen Dinge wie Einkaufen, Fahrrad fahren, Spazierengehen wieder neu und auch beruflich begann ich mit großer Anstrengung wieder zu tanzen.

Doch warum bringe ich diese Leidensgeschichte an den Anfang dieses Buches? Weil der Anmarschweg zum Glauben heute für viele Menschen ein ziemlich langer, notvoller Weg ist, bis sie die Stimme des Guten Hirten endlich durch all die vielen Stimmen und Verlockungen hindurch vernehmen können. In der dunkelsten Stunde der Nacht beginnt bekanntlich ein neuer Morgen, ebenso litt und starb Jesus für die Menschen und trat dann ein in das ewige Leben. Es ist aber keine zwingende Notwendigkeit, dass wir leiden müssen, bevor wir Jesus als Retter erleben, und doch ist es so, dass wir uns oft erst ausstrecken nach Gott, wenn es aus eigener Kraft nicht mehr geht, wenn die Bedrängnisse uns auffordern, nach übernatürlichen Antworten zu suchen. Da liegt eine Chance im erfahrenen Leid, die eingefahrenen Wege zu verlassen und Jesus als Freund und Retter zu erleben.

Gott nutzte meinen Leidensweg, damit ich mich öffnete für Hilfe, die „von oben“ kommt, doch waren diese ersten Jahre der Erfahrungen keine Antworten die von Jesus kamen, denn nicht alles, was vom Himmel kommt, ist automatisch gut. Wir leben in einer Welt der Polaritäten, dort wo die Gegensätze sich gegenüber stehen, entweder um sich zu bekämpfen oder um sich gegenseitig zu inspirieren, zu befruchten, um Neues entstehen zu lassen.

In der geistlichen Welt verhält es sich nicht anders. Die Bibel selbst sagt, dass ein Drittel der Engel gefallene Engel sind, die nicht mehr Gott, sondern dem Feind dienen. Somit gibt es eine Menge Täuschungen, listige Verlockungen, manipulative Kräfte und schlechte Kopien von der Herrlichkeit unseres Herrn Jesus Christus. Wir können hier die Hilfe Gottes beanspruchen und so, wie es im 1. Korinther 12,10 steht, für die Gabe zur Unterscheidung der Geister beten. Auch im 1. Johannes 4,1 lesen wir: „Prüft die Geister, ob sie von Gott sind." Es gibt keine Alternativen zur Wahrheit, Jesus ist der Eine, der wirklich frei macht und ewiges Leben gibt.

Die gute Nachricht ist, dass Jesus letztendlich Sieger in meinem Leben geworden ist. Er kam mit seiner Wahrheit durch und vertrieb mit seinem Licht des Lebens die manipulierenden Kräfte. Das dauerte zwar noch einige Jahre, bis ich den Weg zu Jesus fand, denn erst nach dieser langen Zeit war ich bereit, meinen Schöpfer in mein Leben einzuladen, alte esoterische Lebensphilosophien kritisch in Frage zu stellen, um mich dann letztendlich von ihnen zu lösen. Keine Psychologie, kein esoterischer Weg, kein spiritueller Erleuchtungspfad, keine Meditation und keine Atemtechnik führen einen Menschen in die ersehnte Erlösung. Niemand kann sich selbst erlösen, es gibt nur den Einen, der Erlösung gibt, und das ist Jesus Christus.

In diesem Buch werde ich erzählen, welchen Weg Gott mit mir ging, bis ich seine Stimme vernahm und ihm folgen konnte. Heute bin ich ein Kind des Schöpfers und dadurch eine Mit-Schöpferin, habe Verantwortung in meinem Leben übernommen und sehe voller Dankbarkeit auf das, was Jesus Christus am Kreuz für uns Menschen getan hat: Er gab sein Leben, damit die, die an ihn glauben, ewiges Leben haben. Er erlöst die Menschen von ihrer Schuld, damit sie die Wahrheit erkennen und die Wahrheit sie freimacht, und er besiegte den Tod, um nach drei Tagen wieder aufzuerstehen, damit jeder wissen sollte, dass er ein lebendiger Gott ist, der ewiglich mit seiner Liebe um jedes einzelne Menschenherz wirbt.

Seitdem ist mein Leben unbeschreiblich reich, wertvoll, und lebendiger, als ich es mir je hätte vorstellen können. Gott hält täglich für die, die an ihn glauben, etwas Neues, Frisches bereit. Wer in seiner Liebe lebt, wird das Leben auf eine neue Art lieben lernen und erkennen, dass es mit Gott an der Seite nie langweilig wird.

In den kommenden Kapiteln möchte ich Sie bekannt machen mit Jesus Christus und Ihnen das kostbare Erbe vorstellen, das Gott hinterließ, indem er seinen Sohn Jesus am Kreuz sterben ließ, damit der Weg des Lebens für Sie freigemacht ist. Sein Erbe an Sie ist Sein Wort, das er durch ausgewählte Personen unter Führung des Heiligen Geistes als die Heilige Schrift niederschreiben ließ.

Ich möchte Sie an dieser Stelle etwas fragen: Haben Sie schon einmal einen Brief von jemandem erhalten, den Sie sehr liebten? Mussten dann andere Menschen Sie auffordern, diesen Brief zu lesen? Wenn Sie so sind wie die meisten Menschen, die ich kenne, dann werden Sie diesen Brief immer und immer wieder gelesen haben, vorwärts und rückwärts und zwischen den Zeilen. So ist das einfach, wenn man verliebt ist. Da muss es niemanden geben, der dazu auffordert.

Als ich neu zum Glauben gefunden hatte, musste mir niemand sagen, dass ich in der Bibel lesen sollte. Ich *wollte* es tun und so ist es auch heute noch. Ich liebe Gott als meinen Schöpfer und es ist aufregend seinen „ Liebesbrief“ an mich zu lesen. Es würde mich zutiefst bekümmern, wenn ich nicht täglich in der Bibel lesen könnte, es ist meine geistige Nahrung. Jesus selbst sagt in Matthäus 4,4: „*Nicht von Brot allein soll der Mensch leben, sondern von jedem Wort, das durch den Mund Gottes ausgeht.*“

In meiner Bibel lese ich aus demselben Grund, aus dem ich esse: Weil ich Hunger habe! Möge ein geistlicher Hunger in Ihnen erwachen, der Sie in die Gegenwart und Güte von Jesus Christus führt.

Wende dein Gesicht dem Lichte zu,

dann fallen die Schatten hinter dich.

Sprichwort

Lernen Sie Jesus Christus als Ihren Herrn kennen

Jeder Mensch glaubt an irgendetwas. Manche glauben an den Zufall, andere an das Schicksal, manche an verschiedenste himmlische Kräfte, Engelwelten, selbsternannte Meister, Gurus und Propheten. Die Fragen, die sich aber daraus stellen, lauten: Ist das der Glaube, der mich tatsächlich trägt und befreit, der mich erlöst von Not und Qual? Habe ich den errettenden Glauben, den Glauben, der in den Frieden mit Gott hineinführt und mir ewiges Leben schenkt? Führt mich der erwählte Glaube in ein Leben, das mich durch geschenkte Gnade in einen Lebensstil der Liebe überführt, in dem Hoffnung und Freude allen irdischen Bedrängnissen entgegen stehen können?

Dieses Buch stellt Ihnen einen Lebensstil als Christ vor, zeigt Ihnen die Verheißungen auf, die Gott über Ihrem Leben ausspricht und die er erfüllen will, um sich als lebendiger, liebender Gott in Ihrem Leben zu erweisen. Von Natur aus sind wir alle Gottes Kinder, aber um ein Kind Gottes zu werden, muss etwas in unserem Leben geschehen. Wir brauchen eine Berührung von Gott, eine Offenbarung, einen zündenden Funken, der uns in eine Erkenntnis überführt, dass sein Wort kostbar und heilig ist, dass sein Wort Leben schenkt und lebendig ist, und – dass Er unser Vater ist.

Es bedarf einer Inspiration, einer Begegnung, die uns lockt, einen Richtungswechsel einzuschlagen. In der Tiefe unseres Herzens wissen wir alle, dass wir eigentlich umkehren müssen, denn jeder von uns hat Schuld auf sich geladen, die sein Herz verändert und verhärtet hat. Es ist die Seele eines Menschen, die sich mit Sorgen und Kummer belädt. Diese Lasten abzuwerfen, das ist es , was die Seele begehrt. Deshalb ist es so wichtig, dass wir zu ihm umkehren, zu ihm, der alle Schuld vergibt und uns am Ende unseres Lebens in die Arme des himmlischen Vaters entlässt.

Es ist die Liebe selbst, die Gott zueigen ist. Ja, Gott selbst ist die Liebe, sagt uns sein Wort in der Bibel (1. Johannes 4,16), sie ist die stärkste Kraft und nur sie, unter der Führung des Heiligen Geistes, ist befähigt, ein verletztes, verängstigtes und verhärtetes Herz zu verändern, es zu verwandeln und zu heilen. Jesus Christus ist uns diesen Liebesweg vorausgegangen, er ist das menschgewordene Wort Gottes und er fordert uns auf, ihm zu folgen. Wenn wir uns entscheiden als Christ zu leben, dann entscheiden wir uns, so sein zu wollen wie Christus. Ebenso nahestehend in der Beziehung zu Gott, ebenso treu, demütig und liebevoll durch das Leben zu gehen wie er, immer im Geiste nahe an das Vaterherz gelehnt.

Als Christ dürfen wir Antworten erwarten, die unser Leben berühren und verändern. Gottes Wort in der Bibel ist unser Erbe, das wir antreten sollen, damit es wirksam werden kann. Verlassen wir uns also auf die Heilige Schrift, und schauen auf Psalm 62,2:

Bei Gott allein kommt
meine Seele zur Ruhe;
denn von ihm kommt
meine Hoffnung.

Gedanken zur Vertiefung

☺ Die Seele ist der Sitz unserer Persönlichkeit, unseres Willens und unserer Gefühle. Weil unsere Seele empfindsam und kostbar ist, bedarf sie besonderer Pflege. Alles was wir für die Pflege und Gesundung unserer Seele brauchen, ist die Gemeinschaft mit Gott. Ohne Gott ist die Seele immer auf der Suche nach Ruhe und Geborgenheit, auf der Suche nach einer Heimat.

☺ Es gibt viele verführerische Stimmen, die unserer Seele eine Heimat versprechen, aber letztendlich führt uns nur die Gemeinschaft mit Gott in den ersehnten Frieden, aus dem die Freiheit erwächst.

☺ Jesus spricht im Matthäus Evangelium: *„Was hülfe es dem Menschen, wenn er die ganze Welt gewönne und nähme doch Schaden an seiner Seele?“* (Matthäus 16,26).

Dass eine stärkere Liebe
existiert als die,

die wir Menschen
zustande bringen,

dass lässt manche Menschen
Hoffnung finden,
wenn andere aufgeben.

Joachim Gauck

Jesus kam, damit der Glaube ein Gesicht bekommt

Christ zu sein ist keine Religion, sondern es ist eine Herzensbeziehung zu Gott durch seinen Sohn Jesus Christus. Es geht in der Hauptsache darum, dass Jesus Gemeinschaft mit den Menschen haben möchte. Gemeinschaft mit Jesus zu haben, ihn zu erleben, ist möglich, weil Jesus, nachdem er den Tod besiegt hatte, wieder auferstand. Es ist der lebendige Geist, der einen lebendigen Glauben möglich macht, dem sich die Seele und der Körper unterordnen werden, damit alle drei innewohnenden Bereiche des menschlichen Lebens: Körper, Geist und Seele vollständig in ihrer Lebensqualität aufgewertet werden, indem Gott sie mit seinem Frieden füllt. Ein aktivierter Glaube ist ein Jungbrunnen für Geist, Seele und Körper, *„denn das Wort Gottes ist lebendig und wirksam“* (Hebräer 4,12).

Alles was in der Schrift heute bezeugt, was Jesus redete und tat, drückt die grenzenlose Liebe aus, die Gott Vater für seinen Sohn und für jeden Menschen hat. Aber es besagt auch, dass Jesus seinem Vater hundertprozentig vertraute. Auch wir können und sollen Gott vertrauen, damit wir durch eine übernatürliche Erfahrung die unermessliche Liebe und Güte unseres Schöpfers erfahren. Darauf baut die Hoffnung eines jeden Suchenden.

Gott sucht den Menschen, schon seit Anbeginn. Nicht Adam suchte Gott zu Beginn der Schöpfungsgeschichte, sondern Gott suchte Adam (1. Mose 3,9) und stellte die zentrale Frage: *„Wo bist du?“* so wie ein Vater nach seinen Kindern sucht.

Auch heute noch richtet Gott diese Frage an uns: *„Wo bist du?“* Eine der ergreifendsten Geschichten aus dem Neuen Testament ist hier wohl die Geschichte vom verlorenen Sohn.

In Lukas 15,11-32 erzählt Jesus das Gleichnis vom verlorenen Sohn und drückt hiermit die unerschütterliche Liebe Gottes zu den Menschen aus. Da begegnet uns ein Mensch, der, als er vom Vater in die Welt entlassen wird, um sein Leben eigenständig zu leben, kläglich versagt. Er verprasst sein Geld, lebt verschwenderisch und erkennt letztendlich, dass er aus eigener Kraft so nicht weiterleben kann. Er kapituliert und kehrt um, findet den Weg zurück zum Vater, und hier spricht der Sohn voller Bedauern in Lukas 15,19:

„Vater, ich bin nicht mehr würdig, dein Sohn zu heißen!“

Doch dann lesen wir in der Bibel einen Vers weiter: *„Als er aber noch fern war, sah ihn sein Vater und wurde innerlich bewegt und lief hin und fiel ihm um seinen Hals und küsste ihn.“*

In diesem Text offenbart sich die Liebe Gottes zu seinen Geschöpfen und zu jedem Menschen. Voraussetzung ist aber das Erkennen, dass Sie angesprochen sind, als verlorener Sohn oder verlorene Tochter. Die innere Entscheidung, freigesetzt durch ein ehrlich gesprochenes Wort, veranlasst Gott, Ihnen entgegenzugehen. Es sind drei Schritte, die wir vorweg tun können, bevor Gott uns mit dem vierten Schritt entgegeneilt und in seine Arme schließt.

Der erste Schritt beinhaltet den inneren Entschluss umzukehren zum Vater. In dieser Geschichte wird uns gezeigt, wie eine Kapitulation zum Segen werden kann. Der verlorene Sohn geht dann aber nicht einfach los, sondern zeigt uns den nächsten Schritt auf.

Als zweiter Schritt wird hier ausdrücklich mehrfach erwähnt, dass der verlorene Sohn sein Vorhaben auch durch das gesprochene Wort besiegelt und schon zum Vater spricht, obwohl die beiden noch gar nicht zusammen gekommen sind. Das kann für Sie konkret heißen, wenn Sie zu Gott umkehren möchten, dass Sie es ihm auch sagen, selbst wenn oder gerade weil Sie ihm noch nicht nahe sind.

Der dritte Schritt symbolisiert uns die notwendige eigene Aktivität, die wir einbringen sollen, indem wir uns in Bewegung setzen und dem Vater entgegengehen. Das kann sich ausdrücken, indem wir zum Beispiel regelmäßig zu ihm sprechen oder in der Bibel lesen, christlich inspirierte Musik hören oder Gottesdienste besuchen. Diese Aktivitäten sind ein Mandat, das Gott wünscht und benötigt, um uns entgegenzulaufen. Egal, wie fern wir sind, Jesus sagt uns in Vers 20, dass Gott uns entgegenläuft! Das ist ein Versprechen, hierauf können wir uns verlassen. Wir können uns seine Wiederaufnahme aber nicht erarbeiten, indem wir beginnen, irgendetwas für unsere Errettung zu leisten. Es geht lediglich um die aufrichtige und ehrliche Herzenshaltung, die Gott in diesen von uns entgegengebrachten drei Schritten sehen will.

Gedanken zur Vertiefung

☺ Es beginnt also mit einem innerlichen Entschluss. Entschließen Sie sich, das ist der erste Schritt, den Sie aktiv tun können, um sich für die Liebe Gottes zu öffnen.

☺ Bringen Sie das, was Sie in Ihrem Inneren beschlossen haben, ins Außen. Der verlorene Sohn, von dem Jesus erzählt, benutzt hierfür das gesprochene Wort. Immer wieder steht in der Bibel: „Und er sprach", obwohl er zu diesem Zeitpunkt noch allein war, denn es steht geschrieben, „dass er in sich ging", also allein war und trotzdem anfing zu Gott zu sprechen.

☺ Danach machte sich der verlorene Sohn auf und ging zum Vater. Hier tat er Buße und im selben Moment erlebt der verlorene Sohn, wie sein Vater ihn neu kleidet, einen neuen Bund mit ihm eingeht, symbolisch ausgedrückt durch den Ring, den er ihm an die Hand steckt. Er nährt ihn physisch mit einem köstlichen Kalb und füllt seinen Geist mit Fröhlichkeit. Sogar Schuhe zieht er ihm an die Füße für seinen neuen Weg mit dem Vater (vergleichen Sie Epheser 6,15). Wer solche Wunder erlebt, zieht gerne die Schuhe des Vaters an, zur Verkündung des Evangeliums. Hier wird die vollständige Versorgung Gottes durch einen einzigen Schöpfungsakt ausgedrückt.

Die Beziehung zwischen dem Vater und seinem Sohn erlebt ihren Höhepunkt in der Aussage: *„Denn dieser mein Sohn war tot und ist wieder lebendig geworden, war verloren und ist gefunden worden. Und sie fingen an fröhlich zu sein."*

Wir können auf dieser Welt leben, lieben, lachen, tanzen, weinen, arbeiten, studieren, diskutieren, reisen, bauen, erfinden, erforschen, pflanzen und ernten – obwohl wir in unserem Geist tot sind. Wenn Sie in Ihrem Geist lebendig sein wollen, brauchen Sie eine lebendige Beziehung zu Gott. Jesus zeigt und lehrt, wie wir in einer Beziehung zu Gott leben können, die sein Wohlgefallen findet und uns in seine Versorgung führt.

Es gibt auch eine geistliche Welt, in der wir leben, und Sie entscheiden, ob Sie mit Gottes Liebe und Gottes Geist in Verbindung treten möchten. Der Geist des Menschen ist aber geschaffen worden, um sich mit dem Geist Gottes zu vereinen. Mit Jesus zu gehen, heißt im Geist des Vaters zu gehen, geleitet in seiner Liebe, in Freiheit zu leben, sich von Sünde und ihren zerstörerischen Folgen loszusagen und den Pfad des Sieges zu betreten.

So ist es selbstverständlich, dass der erste Schritt, nämlich umzukehren, aus einer ehrlichen und freien Entscheidung heraus geschehen muss. Doch einige Menschen fürchten sich ein wenig vor einem Leben mit Gott, weil sie vermuten, dass solch ein Leben von Regeln bestimmt wird, die sie einengen und knechten. Sie denken, dass sie dann überhaupt nichts mehr tun dürfen, ohne sich kontrolliert zu fühlen. Gott selbst bietet uns in seinem Wort, also in der Bibel, Regeln und Gesetze an, doch sie engen uns nicht ein, sondern sind als Schutz gedacht, damit wir auf unserem Lebensweg nicht zu Schaden kommen. *„Eine Leuchte für meinen Fuß ist dein Wort, ein Licht für meinen Pfad" (Psalm 119,105).*

Gott möchte uns aus seiner Liebe zu uns einen Weg anbieten, der uns vor Verletzungen und Schaden bewahrt. *„Denn er bietet seine Engel für dich auf, dich zu bewahren auf allen deinen Wegen. Auf den Händen tragen sie dich, damit du deinen Fuß nicht an einen Stein stößt" (Psalm 91,11-12).*

Die Bibel ist voll mit Lebenssituationen, an denen wir ablesen und lernen können, welche Folgen bestimmte Reaktionen und Handlungen im Leben haben können. Es ist wunderbar die Bibel aus dieser Perspektive zu lesen und dann Antworten auf Lebensfragen daraus abzuleiten.

Jeder Mensch, der in diese Welt hineingeboren wird, kennt ein in ihm wohnendes Sehnen nach bedingungsloser Liebe und Annahme. So viele Menschen werden von diesem nagenden Hunger und Durst nach Anerkennung und echter Liebe gequält. Jesus sagte: *„Ich bin das Brot des Lebens. Wer zu mir kommt, den wird nicht hungern; und wer an mich glaubt, den wird nimmermehr dürsten" (Johannes 6,35).*

Wenn wir lernen, uns völlig auf Jesus Christus zu verlassen, werden wir erleben, dass er genau das ist, was er verheißen hat: die vollkommene Sättigung und Befriedigung dieses nagenden Hungers und Durstes. Jesus schenkt bedingungslose Liebe und Annahme und gibt dem Leben Sinn und Ziel, weil er ein lebendiger und guter Gott ist. Alles was er von uns braucht, ist eine ernst gemeinte Einladung, um in unser Leben eintreten zu dürfen. Er ist uns schon immer nachgegangen, bevor wir überhaupt annähernd verstanden haben, dass wir ihm nachgehen sollen.

Wenn wir Jesus an unser Herz heranlassen, wird er uns zum Vater und vor den Thron Gottes bringen. Wir brauchen Jesus, um zu Gott zu kommen. Jesus spricht in Johannes 14,6: *„Ich bin der Weg und die Wahrheit und das Leben. Niemand kommt zum Vater als nur durch mich.“* Deshalb ist Er die zentrale Person eines Christen, weil er verspricht in die Freiheit zu führen, so wie es in Johannes 8,32 geschrieben steht: *„...und ihr werdet die Wahrheit erkennen, und die Wahrheit wird euch frei machen.“*

Hier steht nicht, dass Jesus Christus frei macht, sondern dass die Wahrheit in die Freiheit führt. Jesus Christus ist die Wahrheit. Dort, wo es Wahrheit gibt, muss es auch Lüge geben. Jesus kann Täuschungen aufdecken und Ängste vertreiben und der Wahrheit wieder den Platz zurückgeben, der ihr von Anfang an zugedacht war. Erlauben Sie Jesus, Ihnen die Wahrheit für Ihr Leben zu offenbaren.

Gedanken zur Vertiefung

☺ Machen Sie sich bewusst, dass Bibellesen Gutes bewirkt. Durch das Lesen in der Bibel kommen Sie bewusst in die Gegenwart Gottes. Gott schenkt Ihnen durch Sein Wort Trost, Hoffnung, Kraft, Inspiration und Weisheit. Lassen Sie sich sein gutes Wort genauso auf der Zunge zergehen wie ein gutes Stück Schokolade. Und Sie werden merken, dass Ihnen schon bald bei dem bloßen Gedanken daran das Wasser im Munde zusammenläuft.

Schritte zur Vertiefung

Durchforschen Sie mit Gebet die Bibel und warten Sie auf Gott. Es geht nicht darum, in einem einzigen Schritt das ganze

Buch zu erfassen, vielmehr geht es heute um ein Wort, das der Herr in Ihr Herz spricht. Es ist gut ihn zu bestürmen und zu befragen: „Herr, wer bist Du eigentlich ?“

Übrigens

Wissenschaftler haben herausgefunden, dass es einundzwanzig Tage dauert, bis wir uns eine Angewohnheit antrainiert haben. Deshalb lesen Sie mindestens drei Wochen lang regelmäßig einmal täglich in der Bibel und Sie werden schon bald merken, wie ein geistiger Hunger automatisch ihre Seele zum Knurren bringen wird, wenn sie nichts zu essen bekommt.

Was wir brauchen und was uns weiter trägt, ist ein frisches Wort von Gott.

Man kann fast alles in kleinen,
wohlüberlegten Schritten erreichen.

Aber manchmal braucht man
auch den Mut,
einen großen Sprung zu wagen;

einen Abgrund überquert man nicht mit
zwei kleinen Schritten.

David Lloyd George

Der erste Schritt

Treffen Sie eine Entscheidung

Wenn wir uns selbst ehrlich begegnen, können wir erkennen, dass sich jegliches Streben und Bewegen im Leben um die Erfüllung einer tief im Herzen verankerten Sehnsucht nach Liebe und Geborgenheit bewegt. Es scheint, als gäbe es eine unsichtbare Hand, die ihren Finger von Zeit zu Zeit auf die eine wunde Stelle im Herzen legt, um aufzuzeigen, dass wir das Wesentliche, das Wichtigste noch nicht gefunden haben.

Wenn wir von Liebe sprechen, dann schauen wir auf das Sichtbare, das Körperliche und erkennen nicht, dass wir darin die Liebe nicht finden können, denn dort ist sie nicht. Dabei ist alles, was ein Mensch tut, Liebe oder ein Ruf nach Liebe. Behandelt uns jemand schlecht, dann ist es aus einer Angst heraus, aus einem Mangel und ein indirekter Ruf nach Liebe. Begegnen wir aber jemandem, der uns liebevoll behandelt, dann ist es uns ein Leichtes, dieser Person auch in Liebe zu antworten.

Um aber die Liebe zu finden, die uns beständig sättigt, die uns unabhängig von Menschen und Umständen macht, die uns erfüllt und nährt, sind wir herausgefordert, neue Schritte zu gehen. Im 1. Johannes 4,16 sagt uns die Schrift, dass Gott die Liebe ist, und wir sind es, die nach seinem Bilde geschaffen sind, nicht umgekehrt. Also brauchen wir seine Liebe, in der wir leben sollen. Sich für ihn zu entscheiden bedeutet, neue Schritte zu gehen, verspricht Antwort auf die bohrendste aller Lebensfragen: die Sättigung unseres hungrigen Herzens.

Egal, wo Sie in Ihrem Leben gerade stehen; ob Sie in der Achterbahn des Lebens gerade einen Höhenflug erleben oder sich in einer Talfahrt befinden, ob Sie gerade die Kontrolle über Ihr Leben verlieren oder sich auf einer ruhigen Strecke treiben lassen: der Ort, die Situation ist immer die richtige, um Gott Ihr „Ja" zu geben und ihn in Ihr Leben einzuladen. Das ist an keine Bedingungen geknüpft, Gott ist grundsätzlich bedingungslos. Sie müssen jetzt nicht erst noch Ihren Schreibtisch aufräumen, zerbrochene Beziehungen flicken, Ihre Schulden abbezahlen, eine Sucht besiegt haben, die

Prüfung bestanden oder den neuen Job angenommen haben. Gott verlangt keine Opfer. Ein Leben in Opfermentalität führen wir, bevor wir zu unserer Identität in Gott gefunden haben.

Gott kennt Sie und er will Sie so lieben, wie Sie heute sind. Keine Sünde, kein Mangel kann stärker sein als seine Liebe zu Ihnen. Was auch immer Sie sich in Ihrem Leben zu Schulden haben kommen lassen, Gott bestraft nicht, er verurteilt nicht und greift nicht an. Wir brauchen und können uns nicht vor ihm verstecken. Er kennt sowieso jeden Schritt, jedes Wort, jeden Gedanken, jedes Handeln, ja, er kennt unser ganzes Sein. Psalm 139, 1-4: *„Herr, du hast mich erforscht und erkannt. Du kennst mein Sitzen und mein Aufstehen, du verstehst mein Trachten von fern. Mein Wandeln und mein Liegen – du prüfst es. Mit allen meinen Wegen bist du vertraut. Denn das Wort ist noch nicht auf meiner Zunge – siehe Herr, du weißt es genau."*

Und weil Gott ein liebender Gott ist, Ihr liebender Vater im Himmel, liebt er Sie so, wie Sie sind. Ist das nicht eine gute Nachricht? Gott liebt Sie so, wie Sie sind, mit all Ihren Fehlern, Ecken und Kanten, mit all den kleinen und großen Sünden, mit Ihren Zweifeln und Verfehlungen, auch mit Ihrer Schuld. Vor Gott sind Sie sein geliebtes Kind, seine geliebte Tochter, sein geliebter Sohn, eine durch und durch angenommene Person, die heimkommen darf zum Vater.

Der Weg zum Vater ist frei wie eine Start- und Landebahn auf dem Flughafen. Jesus hat durch seinen Tod am Kreuz den Weg für Sie freigemacht. „D*enn so hat Gott die Welt geliebt, dass er seinen eingeborenen Sohn gab, damit jeder, der an ihn glaubt, nicht verloren geht, sondern ewiges Leben hat"* (Johannes 3,16).

Starten Sie heute in Ihr neues Leben mit Jesus Christus und Sie werden sanft landen in einem neuen Leben, das Frucht bringen wird, Frieden, Geborgenheit, Freude, Sicherheit und Zuversicht. Ihre physische Geburt haben Sie bereits vor einiger Zeit erlebt, doch mit der Entscheidung, als Christ neugeboren zu werden, werden Sie im Geist neugeboren. Sie werden erleben, wie Ihre Wiedergeburt durch Gottes Gnade auch Ihren Körper mit einbeziehen wird, wie sich Krankheiten und selbstzerstörerische Gewohnheiten zurückziehen oder spontan verschwinden, wenn sein Geist in Ihnen wohnen darf.

Jesus Christus schenkt Frieden mit Gott und Sie werden erleben, wie sich Dinge und Umstände verändern, wie Heilung in Ihr Leben hineinströmt, weil der Geist Gottes Sie verändern wird, Ihrem Wohl entgegen.

Der Weg zum himmlischen Vater ist frei, Jesus hat durch seinen Tod am Kreuz alle Schuld auf sich geladen und durch seine Auferstehung den Tod besiegt, und vor allem gezeigt, dass die grenzenlose Kraft des Vaters in jedem von uns wohnt, wenn wir im Wort und im Glauben bleiben und das Erbe antreten, das der Herr für uns vorgesehen hat.

Es gibt einen Frieden, der nicht aus der Welt kommt, den Ihnen kein Mensch geben kann, keine Situation, kein Umstand. Johannes 14,27: „Frieden lasse ich euch, meinen Frieden gebe ich euch; nicht wie die Welt gibt, gebe ich euch. Euer Herz werde nicht bestürzt, sei auch nicht furchtsam."

Wichtig ist an dieser Stelle auch zu erwähnen, dass Ihnen diesen Frieden auch kein Mensch wieder nehmen kann. Es ist der Friede, der Sie frei macht, unabhängig und stark. Wenn er in Sie einzieht, werden Sie es spüren und es im ersten Moment für ein Wunder halten, denn es ist kaum zu beschreiben. Nur fühlen können Sie es, wenn es in Ihrem Herzen ruhig, still und weit wird, wie auf einem ruhigen Ozean, wo die glatte See es nicht mehr zulässt, dass Sie von aufkommenden Winden, brechenden Wellen hin und hergeworfen werden wie ein führerloses Segelboot.

Gott weiß, wohin er Sie führen will; von der bewegten, manchmal stürmischen See in ein ruhiges Wasser. Psalm 107, 28-30: „Dann aber schrien sie zum Herrn in ihrer Not: und er führte sie heraus aus ihren Bedrängnissen. Er verwandelte den Sturm in Stille, und es legten sich die Wellen. Sie freuten sich, dass es still geworden war, und er führte sie in den ersehnten Hafen."

Er wird Ihnen zeigen wie stark sein Schutz ist, seine Geborgenheit und seine grenzenlose Macht. Lassen Sie ihn der Fels sein, auf dem Sie stehen, und Sie haben das beste Fundament für Ihr Lebensgebäude. Psalm 18,3: *„Der Herr ist mein Fels und meine Burg und mein Erretter, mein Gott ist mein Hort, bei dem ich mich berge."*

Ihr Geist, Ihre Seele und Ihr Körper sind von Gott so geschaffen, dass die Frucht Ihres Lebens in Ihrer Vollständigkeit erst aufgeht, wenn Sie entdecken, dass es von Gott gemachte Regeln gibt, schöpferische Ordnungen, die gut für Sie sind. Diese Regeln schränken nicht ein, sondern lehren und fördern, über Begrenzungen hinauszuwachsen. Sie geben Schutz, damit das Leben gelingt und niemand zu Schaden kommt auf seinem Lebensweg. Gott segnet uns, wenn wir seine Ordnungen anerkennen. Der Mensch, auf sich allein gestellt, ist begrenzt in seiner Sicht, seiner Wahrnehmung, seinen Möglichkeiten und sicherlich erinnert sich hier jeder an Situationen aus seinem Leben, in denen er diese Grenzen schon zu spüren bekam. Rufen Sie Jesus in diese Situationen hinein und Sie werden erstaunliche Erfahrungen machen.

Gott ist ein liebender Gott und vor ihm ist nichts unmöglich; er ist ein Gott, der Wunder tut, und mit ihm an Ihrer Seite werden Sie stark sein wie David, als er Goliath besiegte (1. Samuel 17,31-58).

Davids Sieg ging die Entscheidung voraus, gegen Goliath anzutreten. Ebenso beginnt eine gute Tat mit einem guten Gedanken. Überlegen Sie einmal, worauf Ihre Gedanken gegründet sind. Aus welcher Quelle werden sie geboren, worauf stützt sich Ihre Seele, wenn Sie durch die kräftigen Winde des Lebens geschüttelt wird? Jeder Mensch steht jeden Tag an Scheidepunkten. Entscheiden Sie sich nicht für das Gute, sondern für das Beste, weil Gott genau das auch für Sie geopfert hat. Wenn das Opfer nicht groß ist, hat es auch keinen besonderen Wert. Doch Jesus gab sich für Sie hin, der Sohn Gottes, damit sein Opfer das Beste für Sie auslöst.

Gedanken zur Vertiefung

☺ Nehmen Sie sich heute Zeit für Gott. Denken Sie über Gott nach, damit eine größere Dimension in Ihr Leben kommen kann.

Affirmation[1]

Der sicherste Ort ist im Willen Gottes.

Treffen Sie Ihre Entscheidung, weil Jesus das Tor zum Leben ist, er ist die beste Entscheidung für Ihr Leben, denn er ist uneingeschränkt für Sie. Sie liegen nie falsch, wenn Sie in seiner Liebe leben. Wenn Sie diese Entscheidung festmachen wollen, dann sprechen Sie folgendes Gebet laut nach und in der geistlichen Welt werden sich die Tore zum himmlischen Vater öffnen und er wird Sie ganz nah an Sein Herz ziehen.

Himmlischer Vater,

ich trete jetzt vor Dich, und ich möchte Dir begegnen.

In meinem Herzen brennt diese Sehnsucht, Dich kennen zu lernen, und ich habe die innere Gewissheit, dass es Dich wirklich gibt.

Ich möchte Dich in mein Leben einladen und ich bitte Dich, baue Du mich mit Deiner Liebe neu, erschaffe mich neu nach Deinem Willen.

Du hast mein Herz berührt und ich danke dem Heiligen Geist, dass er mich zu Dir geführt hat.

Wenn ich heute vor Dich trete, so komme ich mit leeren Händen. Alles was ich dir bringen kann, ist mein Leben.

Ich habe in meinem Leben Dinge getan, die nicht in Ordnung waren, bitte vergib mir. Ich kehre um und will ab heute Deinem Wort folgen, so gut ich es kann. Reinige mein Herz und mache mich zu einer neuen Kreatur, die aus Deinem Geist geboren ist.

Du sagst in Deinem Wort in Johannes 3,3: „Wenn jemand nicht von neuem geboren ist, kann er das Reich Gottes nicht sehen."

Herr, ich bitte Dich jetzt, öffne meine Augen, dass ich Dein Reich sehen kann, und öffne meine Ohren, damit ich Deine Worte verstehe. Mach Du, Gott, es jetzt in mir, dass ich im Geist neugeboren bin und die Herrlichkeit Deines Reiches in mein Herz einzieht.

Danke, Jesus, dass Du am Kreuz für mich gestorben bist und mir damit vergeben ist und ich ewiges Leben empfange. Ich nehme dieses große Erlösungswerk voller Dankbarkeit jetzt an.

Ich danke Dir für dieses große Opfer und ich danke Dir, dass Du wirklich frei machst.
Bitte komme durch Deinen Heiligen Geist in mein Leben hinein und bleibe für immer bei mir.
Im Namen Jesus, Amen.

Gott wohnt, wo man ihn einlässt.

Jüdische Weisheit

Beziehungen müssen wachsen

Wenn Sie dieses Gebet mit ehrlichem Herzen mitgesprochen haben, dann dürfen Sie nun große Dinge erwarten, schließlich ist die größte Kraft des Universums jetzt in Ihnen. Der größte Liebhaber des Universums geht von nun an gemeinsam mit Ihnen Hand in Hand durch jede Straße des Lebens, auch durch die finstersten Gassen. Es gibt keinen Winkel in diesem Leben, in dem Gott nicht die Finsternis mit seinem Licht vertreiben will und wird, von dieser Stunde an sind Sie im Geiste wiedergeboren und die Zeit der Einsamkeit ist vorbei. *„Denn ihr seid wiedergeboren nicht aus vergänglichem Samen, sondern aus unvergänglichem durch das lebendige und bleibende Wort Gottes" (1.Petrus 1,23).*

Und seien Sie nicht verwundert, wenn auf einmal Frieden in Ihr Herz einzieht, schließlich haben Sie den Friedefürst in Ihr Leben hineingerufen. Gott ist ein so großer Gott, Ihr Vater im Himmel, und Sie sind nun von der ersten Sekunde Ihrer Bekehrung an sein geliebtes Kind: *„Kind, du bist allezeit bei mir und alles, was mein ist, ist dein" (*Lukas 15,31).

Sie können sich seine Liebe nicht erarbeiten, Sie müssen jetzt wirklich nichts leisten, um vor seinen Augen liebenswert und wertvoll dazustehen. Gottes größte Freude ist es, Sie wieder in seinen Armen zu halten, und im Schatten seiner Flügel sollen Sie jubeln. Psalm 63,8: *„Denn du bist mir zur Hilfe geworden, und im Schatten Deiner Flügel kann ich jubeln."*

Es ist das Herz, worauf Gott schaut, und entsprechend dem Hunger im Herzen wird Gott Sie sättigen und füllen (1. Samuel 16,7). Vertrauen Sie darauf, dass er das richtige Maß für Sie kennt und er in jedem Augenblick bei Ihnen ist, denn er ist jetzt Ihr Versorger. Für Gott macht es keinen Unterschied, ob Sie in bescheidenen, chaotischen oder wohlhabenden Verhältnissen leben, denn alles was für ihn zählt, ist ein nach ihm dürstendes Herz, und für jedes sich Ausstrecken nach ihm, wird er Ihnen ein Belohner sein. Hebräer 11,6: *„… und denen, die ihn suchen, ein Belohner sein wird."*

Je länger und intensiver sich Ihre Beziehung zu Jesus entwickeln wird, umso mehr wird sich in allen Bereichen des Lebens Heilung und Vervollständigung zeigen, und es ist hier beruhigend zu wissen, dass die Art und Weise seines Wirkens eine sanfte Weichenstellung ist. Niemals würde Gott sein im Geiste neugeborenes Kind in eine Situation hineinkatapultieren, die es überfordern würde. Es gibt keine Hauruck Situationen mit ihm zu diesem Zeitpunkt der frischen Bekehrung, denn er weiß doch, welch zarte Pflanze Sie in seinen Händen sind.

Ich möchte an eine Geschichte aus der Bibel erinnern, wo Elia bis an den Berg Gottes, den Horeb, ging und dort eine Begegnung mit dem Herrn hatte. Eindeutig wird hier der Charakter von Gottes Gegenwart beschrieben.

Könige 19, 11-13: *„Da kam ein Wind, groß und stark, der die Berge zerriss und die Berge zerschmetterte vor dem Herrn her; der Herr aber war nicht in dem Wind. Und nach dem Wind ein Erdbeben; der Herr aber war nicht in dem Erdbeben. Und nach dem Erdbeben ein Feuer; der Herr aber war nicht in dem Feuer. Und nach dem Feuer der Ton eines leisen Wehens. Und es geschah, als Elia das hörte, verhüllte er sein Gesicht mit seinem Mantel, ging hinaus und stellte sich in den Eingang der Höhle. Und siehe, eine Stimme geschah zu ihm: Was tust du hier, Elia?"*

Gott ist nicht laut, denn das ist nicht seine Art. Er ist langmütig und freundlich; er drängt sich nicht auf und seine Stimme vernimmt derjenige, der sich nach ihm ausrichtet. Gott wohnt in einem Menschenherzen, wo er sich mit seinem biblischen Wort einrichten darf, und wenn Er uns leitet, tut Er das aus unserem Inneren heraus.

Gott spricht zu uns durch seinen Geist, Jesus spricht zu uns durch sein Wort und den Geist des Vaters. Verbringen Sie täglich Zeit damit, in der Bibel zu lesen, beten Sie zu Jesus und beziehen Sie ihn in Ihre Gedanken und Entscheidungen mit ein. Vielleicht haben Sie in Ihrem Leben einen sehr guten Freund oder eine allerbeste Freundin. Solche Beziehungen fallen nicht vom Himmel, sie sind das Ergebnis von viel gemeinsam verbrachter Zeit und reger Kommunikation, erst dann beginnt Vertrauen zu wachsen und mit der Zeit wird aus einer ersten Begegnung eine Freundschaft, die dann an Intimität und Tiefe stetig weiter wachsen kann. Bei Gott ist das nicht anders, er möchte Ihr bester Freund sein, und damit diese Beziehung entstehen kann, sprechen Sie zu ihm. Erzählen Sie von Ihrem Kummer, Ihren Sorgen, lassen Sie ihn teilnehmen an Ihrem Leben. Gott sucht die Gemeinschaft mit Ihnen und darum nehmen Sie sich Zeit für ihn.

Gedanken zur Vertiefung

- ☺ Betrachten Sie Ihre Lebenssituation und nehmen Sie sie als Teil von Gottes einzigartigem Plan an. Gott wird genau dort hinein wirken, weil er Sie lieb hat und Sie beschenken möchte. Betrachten Sie nun Ihre Stärken und Schwächen. Nehmen Sie Ihre Schwächen an. Gott liebt uns in unserer Schwachheit. Diese Wahrheit wird uns verändern.
- ☺ Jesus ist gekommen, damit wir in den Charakter Jesu verwandelt werden. Was bedeutet das heute konkret für mich? Welche Veränderungen darf ich erwarten?

Übrigens

Als der Schauspieler Johannes Heesters zu seinem 101. Geburtstag befragt wurde, was denn das Geheimnis seines hohen Alters sei, antwortete er: „Ich weiß, ich bin geliebt, ich weiß, ich bin gewollt, und ich weiß, ich werde gebraucht.“

Wenn wir in der Bibel lesen, entdecken wir, dass Gott uns liebt, dass er uns gewollt hat und dass er uns gebrauchen will. Wenn wir auf diesem Felsen stehen, stehen wir auf gesundem Fundament und haben allen Grund hoffnungsvoll in die Zukunft zu blicken.

Gottes Wege erkennt man oft

erst dadurch als richtig,

indem man anfängt, sie zu gehen.

Peter Hahne

Wenn Sie es nie versuchen, werden Sie es nie erfahren

Zeiten mit Gott sind Wohlfühlzeiten. Gemeinschaft mit Gott zu suchen, bedeutet Zeit in der Liebe zu verbringen, Zeit, die gefüllt ist mit Wohltaten und fantastischen Einblicken in eine überwältigende geistige Welt. Hinter seinem Wort stehen herrliche geistige Landschaften und Wirklichkeiten, himmlische Symphonien, kostbare Schätze. Doch nur wer ihn mit ganzem Herzen sucht, wird die eine große Antwort für sein Leben finden, in der mit einer einzigen Offenbarung alle Suche ein Ende hat. Wer nie die Frage nach ihm in den Tiefen seines Herzens bewegte, wird auch die Antwort nie erhalten.

Das tägliche Lesen in der Bibel ist der richtige Weg, um sein Wesen zu erforschen. Bebeten Sie Sein Wort und bitten Sie den Heiligen Geist, dass er Ihren Verstand erhelle. Der beigelegte Bibelleseplan gibt hierbei systematische Unterstützung. Beginnen Sie mit dem Neuen Testament, dort werden Sie Jesus Christus begegnen. Wann und wo er gelebt hat, wie seine Lebensumstände waren, wo welche Wunder geschahen und wie er so oft in Gleichnissen sprach.

Mit der Zeit werden Sie beim Lesen eine großartige Entdeckung machen, denn Sie werden erleben , wie das Wort mehr und mehr aufgeht, Ihr Verstehen und Ihr Herz tiefer und tiefer berührt werden. Vergleichbar ist das mit einem Steinchen, das Sie in einen See fallen lassen. Es bilden sich immer neue Kreise an der Wasseroberfläche und der eigentliche Ursprungsimpuls dehnt sich weiter und weiter aus. Am Anfang ist es nur ein Wort oder ein Satz, doch wenn der Geist des Wortes Sie berührt, fängt er an, in Ihnen zu arbeiten und aufzugehen.

Es ist ein Genuss, in der Bibel zu lesen, sich entspannt zurückzulehnen, und sich dann förmlich jedes Wort auf der Zunge zergehen zu lassen. Ähnlich wie bei einer sehr guten Flasche Wein bei der sich der Charakter und der Geschmack erst nach und nach offenbaren.

Gebetserfahrung heißt zu erfahren, dass es ein Gegenüber gibt

Hier jetzt eine kleine Anregung: Gestalten Sie sich eine Zeit mit dem Herrn und schaffen Sie sich eine Atmosphäre, in der Sie sich wohl fühlen und nicht gestört werden. Machen Sie es sich auf Ihrem Sofa gemütlich und vielleicht kochen Sie sich noch einen Tee, zünden eine Kerze an und ziehen den Stecker vom Telefon vorsichtshalber heraus. Schlagen Sie die Psalmen auf und bitten Sie nun den Heiligen Geist, dass er Sie beim Durchblättern der Psalmen führen möge. Vertrauen Sie Gott und seien Sie im Glauben, dass er die Führung übernimmt.

Vielleicht fragen Sie sich jetzt noch, warum Sie überhaupt zu Gott sprechen sollen, wo Sie doch gerade gelernt haben, dass Gott Sie doch sowieso kennt und alles über sie weiß? Gott möchte von Ihnen einen aktiven Beitrag, eine aktive Einladung, um in Ihr Leben hineinkommen zu dürfen und das geschieht über diese direkte Anrede, die Christen nennen das Gebet. Das Gebet bewegt den Arm Gottes, ohne diese direkte Anrede ist die Qualität der Kommunikation zu ihrem Gott erheblich geschwächt. Zu beten heißt, in das Unsichtbare hineinzusprechen, dankend und erbittend und die Erfahrung zu machen, dass es ein Gegenüber gibt.

In dieser stillen Zeit mit Gott, in der wir das Wort verinnerlichen, rufen wir seine Macht in unser Leben hinein. Gott wird nicht wirken, solange wir nichts sagen oder signalisieren. Das ist so, weil er es so angelegt hat. Gott ist achtsam und respektvoll, er drängt sich nicht auf. Er steht draußen vor Ihrer Lebenstür und er wartet, bis Sie ihm öffnen. Von Zeit zu Zeit klopft er an, doch wenn Sie ihm nicht öffnen, wird er in Ihr Leben nicht eintreten können. Bei einigen Menschen wartet er schon ein ganzes Leben und doch wird er nicht müde, auf den entscheidenden Einlass zu warten.

Haben Sie schon einmal darüber nachgedacht, wie oft Sie in Ihrem Leben Gelegenheiten bekamen, von Gott mehr zu erfahren? Die meisten Menschen finden, wenn sie ehrlich zurückschauen, eine Vielzahl von nicht wahrgenommenen Gelegenheiten, und doch war jeder dieser Versuche nicht umsonst.

Bis ein nicht gläubiger Mensch zu einem bekehrten Christen wird, müssen in der geistlichen Welt einige Kämpfe gewonnen werden. Vertrauen Sie auf Jesus, er allein kennt den richtigen Zeitpunkt, und oft sind die Pläne des Herrn nicht deckungsgleich mit den unsrigen. Das kann uns manchmal auf eine harte Probe stellen, wenn wir meinen, dass doch jetzt genau der richtige Zeitpunkt für Gott wäre, um einzugreifen, aber keine Veränderungen zu erkennen sind. Lassen Sie sich nicht versuchen, Heiliger Geist zu spielen und Situationen zu manipulieren. Es gibt den einen Vater im Himmel und nur Er kennt das Regiebuch jedes Einzelnen für sein Leben. Überlassen Sie die Regiearbeit dem Regisseur, dem Akteur seine eigene Rolle und lassen Sie den Kabelträger seine Kabel tragen. Wenn der Zeitpunkt gekommen ist, werden Gottes Werke sichtbar und stark sein. Durchbrüche und Wunder geschehen aus Gottes Gnade und haben eine Vorlaufzeit. Nehmen wir den guten Rat aus dem Markusevangelium 13,33 an: *„Seht zu, wacht! Denn ihr wisst nicht, wann die Zeit ist.“*

Gedanken zur Vertiefung

☺ Gott möchte, dass Sie sich vorwärts bewegen in dem, was er für Sie geplant hat. Deshalb:

☺ Erinnern Sie sich, wann Sie in Ihrem Leben bereits konfrontiert wurden, sich mit dem Thema Gott auseinander zu setzen. Erstellen Sie eine Tabelle mit den Spalten: Zeit, Ort, Situation, eigene Reaktionen.

☺ Bitten Sie Gott, Sie in den nächsten Tagen und Wochen an möglichst vieles zu erinnern, Vervollständigen Sie diese Liste von Zeit zu Zeit.

☺ Schreiben Sie auf, in welchen Bereichen Gott Ihnen helfen soll.

☺ Formulieren Sie ein einfaches, situationsbezogenes Gebet, wie zum Beispiel:

Lieber Jesus,
obwohl ich Dich kaum kenne, komme ich jetzt zu Dir, weil ich den Glauben und die Hoffnung habe, dass Du als Gottes Sohn auch mein Freund bist und Deine unvorstellbar große Kraft auch meine Hilfe sein wird.

Bitte stehe mir morgen bei dem Vorstellungsgespräch zur Seite und gib mir Deine Stärke und Freude, damit die Hoffnung in mir wächst, schon bald wieder einen Arbeitsplatz zu bekommen. Dein Wille soll in meinem Leben geschehen. Ich danke dir.

Im Namen Jesus, Amen.

Schritte zur Vertiefung

- Nehmen Sie sich Zeit für einen Spaziergang am See. Bitten Sie Gott, Ihnen mehr Offenbarung über sein Wort zu schenken.

- Werfen Sie einen Stein ins Wasser und betrachten Sie die konzentrischen Kreise. Danken Sie Gott im voraus, dass sich sein Wort in ähnlicher Weise in Ihrem Herzen offenbaren wird.

- Lesen Sie in einer stillen Zeit in den Psalmen und horchen Sie in Ihr Herz ,welcher Satz Sie angerührt hat.

- Schreiben Sie diesen Psalm auf ein Kärtchen und hängen Sie dieses an einem gut sichtbaren Ort in Ihrer Wohnung auf. Betrachten Sie das Wort als das, was es ist: Gottes freundliches Wort, höchstpersönlich für Sie !

Siehst du den Mond dort stehen?
Er ist nur halb zu sehen,
und ist doch rund und schön.

So sind wohl manche Sachen,
die wir getrost belachen,
weil unsere Augen sie nicht sehn.

Matthias Claudius

Werden Sie ein Mensch, der Gott leidenschaftlich anbetet

Eine der intensivsten Erfahrungen, die ich immer wieder mache, ist in der Gegenwart Gottes zu stehen, wenn ich Sonntagmorgens den Gottesdienst besuche. Ich bin in einer sehr lebendigen christlichen Gemeinde, einer evangelischen Freikirche in Berlin zu Hause, und wenn dann um 10.00 Uhr die Musiker die Bühne betreten, könnte man vielleicht nach dem ersten Eindruck meinen, dass man ein Rock- oder Popkonzert besuche.

Da werden dann Keyboard, Bass, E-Gitarre, Schlagzeug, Geige, Bongos, und Querflöte bedient und ein paar Sänger runden das konzertante Erlebnis ab. Ich weiß noch genau, wie es war, als ich das erste mal Gast war in dieser Gemeinde. Ein großer, rechteckiger, flacher Raum mit enger Bestuhlung für ungefähr 800 Menschen erinnerte mich eher an einen Versammlungsraum für Gewerkschaftsmitglieder als an eine Gemeinde, in der gleich ein Gottesdienst abgehalten werden sollte. Doch Gott selbst korrigierte in diesen Räumen meine Vorstellung, dass er nur in architektonisch speziell ausgestatteten Kirchenmauern zu erleben sei. Als dann die Band zu spielen begann und jeder der Besucher sich erhob und mit einstimmte, war das sehr gewaltig, so etwas hatte ich noch nie erlebt. 700 bis 800 Menschen sangen mit so viel Freude und Hingabe zu ihrem Gott, klatschten zum Rhythmus der Musik, dass ich einen Gänsehautschauer nach dem anderen bekam.

Danach hatte ich gesucht, hier wurde ich berührt, und ich spürte, dass hier wahrhaftig Erfahrungen mit der Kraft Gottes gemacht wurden. Ich erlebte, wie sich die Kraft Gottes aus dem Lobpreis und der Anbetung emporhob, und ich begann mitzuerleben, wie sich der Himmel öffnete und die Salbung Gottes sich wie ein perlenbestickter Seidenmantel wärmend auf die Gemeinde legte und die Liebe Gottes die verwundeten Herzen neu einkleidete.

Für mein Verständnis erklärt sich Salbung heute so, dass Gott im Geist Freudentränen über uns ausgießt, wenn er das Begehren, das

Ausstrecken seiner Kinder nach ihm vernimmt. Es ist die Anrührung, die einen Weg für die Heiligkeit Gottes bahnt. Diese geistlichen Tränen fallen dann als unsichtbare Perlen auf uns herab und verzaubern einen Raum oder eine Stimmung in einen wunderbaren Glanz, in dem Gottes Kraft wirken kann. Wenn sich die Gegenwart Gottes offenbart, dann passiert etwas, das ein wenig vergleichbar ist mit Elektrizität. Es ist eine Art heiliger Strom, der vom Himmel hinab in die Herzen der Menschen fließt, für unsere Augen unsichtbar, aber in unserem Inneren ganz real erlebbar. In diesen Momenten, die ein einziges Wohlgefühl sind und den göttlichen Frieden erfahren lassen, erlebe ich wahre Dankbarkeit vor dem Herrn, von ihm so beschenkt, geliebt und angenommen zu sein. Wenn Sie das erleben, werden Sie Anbetung gerne zu Ihrem Lebensstil entwickeln wollen und Lobpreis und Anbetung werden ein Spiegelbild Ihres Herzens werden.

Glücklich ist das Volk, das den Jubelruf kennt! (Psalm 89,16)

Doch was genau ist Lobpreis? In dem Moment, wo wir die Entscheidung treffen, vor Gott stehen zu wollen und ihm Lieder singen oder auf Instrumenten spielen, wo wir ihm Gedichte schreiben oder ins Schwärmen geraten, wenn wir von ihm erzählen, sind wir bereits in einer Lobpreishaltung: wir preisen ihn für das, was er bereits Großes für uns getan hat, für das, was er für uns ist und für das, was er noch tun wird. Das ist Ehrung in einer Art und Weise, die kommunikativ auch kreativ ist, doch immer aus dem sichtbaren Motiv der Liebe heraus geschieht.

Lobpreis ist in räumlicher Abstraktion gesehen der Konzertsaal, Anbetung hingegen der feierliche Moment, in dem wir die Bühne betreten dürfen und ganz in seinen Glanz und seine Heiligkeit eintauchen und vor seinen Thron treten. Niemand kann es sich aber erarbeiten, möglichst nahe an das Herz Gottes zu kommen. Es ist einzig und allein Ihr mit Sehnsucht gefülltes Herz, welches in diesen Augenblicken vor Gott Bestand hat, und Ihre Ehrlichkeit, verbunden mit einer demütigen Haltung, stehen in unmittelbarem Zusammenhang zum Erleben seiner Herrlichkeit und Gnade. Es ist Gott, der Sie erwählt hat, und nicht umgekehrt, und so zieht er Sie zu sich heran. Ihr Suchen offeriert ihm, dass Sie ein offenes Haus für ihn sind, in das er einziehen darf. Wer in diese Erfahrung eintreten möchte, kann die besten Voraussetzungen dafür selbst erschaffen: Hängen Sie sich an sein Wort, beißen Sie sich förmlich daran fest!

Machen Sie es wie Eddi

Ein anschauliches Beispiel dafür ereignete sich in meiner Küche. Mein Hund Eddi zeigte mir, was es heißt, sich mit Ausdauer fest zu beißen. Ich stand an meinem Kühlschrank und holte ein großes Stück Fleisch heraus, bot es dem Hund an, behielt es aber in der Hand. Er biss hinein und eine Zeit lang zerrten wir im Spiel um das gute Stück. Er hatte sich aber so sehr vorgenommen, von diesem Stück nicht mehr abzulassen, dass er es einfach nicht mehr hergab. Ich konnte schließlich den ganzen Hund, der hartnäckig mit seiner Schnauze im Fleisch steckte, mitsamt der in ihm steckenden Beute hochheben und er machte nicht den Eindruck, dass er jemals vorgehabt hätte, aufzugeben.

Das war ein amüsantes Bild, da hing das ganze Tier mit schlaffem Körper und hängenden Pfoten über dem Boden, aber in seinem Maul hielt er mit seiner ganzen Kraft und einer bemerkenswerten Ausdauer an seinem Futter fest. Ich konnte den ganzen Hund hin- und herschaukeln, doch er blieb unnachgiebig dran. Auch versuchte ich ihn abzuschütteln, aber es gelang mir nicht. Nach einiger Zeit gab ich nach und überließ ihm sein hart verteidigtes Futter.

An diesem Nachmittag verstand ich, in welcher Haltung wir am Wort festhalten sollen, am Lobpreis und an der Anbetung. Machen Sie es genau so wie dieser Hund. Lassen Sie sich nicht durch äußere Umstände davon abbringen, Zeit mit Gott zu verbringen, in seinem Wort zu lesen und ihn anzubeten. Lassen Sie sich nicht abschütteln, auch wenn die Stürme des Lebens an Ihnen rütteln, und bedenken Sie, worum es geht: In eine ehrliche und lebendige Liebesbeziehung zu Jesus Christus hineinzuwachsen, in der sich Gottes Wort als Wahrheit offenbart und Sie zu einer im Glauben verankerten Person Gottes heranreifen, die unter dem Kreuz Jesu Christi Frieden mit Gott finden wird.

Weichen wir also nicht von der Seite Jesu ab und hängen uns genauso an ihn, wie es in Johannes 15,5 steht: *„Ich bin der Weinstock, ihr seid die Reben. Wer in mir bleibt und ich in ihm, der bringt viel Frucht, denn getrennt von mir könnt ihr nichts tun."*

Was aber ist die Aufgabe dieser Rebe, worin besteht ihr Handeln? Es ist eine passive Aktivität, denn Sie als Rebe übernehmen die Aufgabe, dran zu bleiben am Weinstock, um in einer offenen Herzenshaltung zu ermöglichen, dass Gott Sie auch versorgen kann. Die Verantwortung, die wir übernehmen sollen, ist eine empfangende und offene Lebenshaltung für ihn zu entwickeln und zu bewahren, damit sein Geist sich in uns einrichten kann, und so lebt Jesus es uns im Neuen Testament in seiner Beziehung zum Vater vor.

Dann wird Jesus die Früchte in uns hervorbringen, die auch in seinem Leben sichtbar wurden. Und in Galater 5,22 werden die Früchte aufgezählt: *„Die Frucht des Geistes aber ist: Liebe, Freude, Langmut, Freundlichkeit, Güte, Treue, Sanftmut, Enthaltsamkeit."*

Die meisten Menschen dürfen erst einmal lernen, ein Empfänger zu sein und Versorgung anzunehmen, sich nicht mehr aus eigener Kraft wie ein unabhängiger Christ zu verhalten, sondern sich der Versorgung Gottes hingebungsvoll anzuvertrauen. Empfangen können wir aber nur, wenn unsere Hände leer sind. Solange wir noch festhalten, sind wir in keiner empfangenden Haltung, können von Gott nichts entgegennehmen. *„Gott widersteht den Hochmütigen, den Demütigen aber gibt er Gnade"* (Jakobus 4,6).

Wenn der Herr handeln will, ist das keine Einladung zur Passivität, er will lediglich, dass wir uns nicht sorgen. Bevor ich Christin wurde, war es mir ein eher unangenehmer Gedanke von jemandem abhängig zu sein. Ich wollte viel lieber mein eigener Herr sein und so war mein Leben gezeichnet von viel Anstrengung und Manipulation, alles tat ich aus eigener Kraft und immer wieder brannte ich innerlich völlig aus. Das hat sich geändert, denn heute bin ich eine Rebe am Weinstock und mein Versorger ist der Herr.

Können Sie sich vorstellen, wie entspannend und angenehm es ist, einfach nur so am Weinstock zu hängen und die Erfahrung zu machen, dass Sie versorgt sind? Diese Form des Nichtstuns bedeutet aber nicht, dass wir nun den ganzen Tag im Bett herumliegen sollen und darauf vertrauen, dass Gott die finanzielle Versorgung schon über das Sozialamt sichern wird. So ist das nicht gemeint. Vielmehr will der Herr sagen, dass, wenn wir in seinem Wort bleiben, er uns ausstatten wird, aus seiner Kraft heraus, mit allen Fähigkeiten, die er bereits in uns hineingelegt hatte, noch bevor wir auf diese Welt kamen. In Jeremia 1,5 lesen wir: *„Ehe ich Dich im Mutterschoß bildete, habe ich dich erkannt, und ehe du aus dem Mutterleib hervorkamst, habe ich dich geheiligt."*

Es geht um die Freisetzung dessen, was bereits in uns ist. Gott ist die stärkste Kraft, mit ihm an unserer Seite können wir voller Zuversicht sein, dass unser Leben gelingen wird.

Schritte zur Vertiefung

Markieren und unterstreichen Sie in Ihrer Bibel alles farbig, was Sie anspricht und Ihnen wichtig erscheint. Gebrauchen Sie zur Vereinfachung folgende Symbole:

! Bedeutet: das habe ich verstanden, ist für mich sehr wichtig.

? Bedeutet: verstehe ich nicht. Wie ist das gemeint?

< Bedeutet: über diese Stelle möchte ich mit jemandem sprechen.

☺ Bedeutet: Klasse! Hier hat das Wort zu mir gesprochen, ich hatte eine Offenbarung.

Haben Sie keine Scheu, in Ihrer Bibel Stellen farblich hervorzuheben, die der Erbauung dienen, die Gott preisen oder von denen Sie sich spontan angesprochen fühlen. Es ist ein Ausdruck von Zueigenmachung des Wortes und auf geistlicher Ebene ein Heranholen geistlicher Autorität.

Übrigens

Mr. Edison, der Erfinder der Glühbirne, bewies eine bemerkenswerte Ausdauer während seiner wissenschaftlichen Forschungen. Man sagt, dass er 12.000 Versuche nötig hatte, bis seine Bemühungen Erfolg hatten.

Ich bin heute froh, dass er nicht nach 11.999 Versuchen aufgegeben hatte. Machen Sie es wie Mr. Edison, lesen Sie mit Ausdauer in der Bibel, und Sie werden erleben, wie Gottes Wort Ihr Leben zum Leuchten bringen wird.

Die Musik ist die beste Gottesgabe,
durch sie werden viele
und große Anfechtungen verjagt.

Musik ist der beste Trost
für einen verstörten Menschen,
auch wenn er nur ein wenig
zu singen vermag.

Sie ist eine Lehrmeisterin,
die die Leute gelinder,
sanftmütiger und vernünftiger macht.

Martin Luther

Stimmen Sie ein in die Chöre der Welt, die Gott loben

Es ist so leicht und mühelos, sich von seiner Gegenwart verwöhnen zu lassen. Und wenn Sie merken, wie er Sie in der Anbetung zu sich heranzieht, dann geben Sie sich hin und die Dämme werden brechen, die Sie von ihm trennten, und Gott kann das tun, was er am allerliebsten tut: Ihr Herz mit seiner Liebe fluten.

Es ist wichtig, dass Sie eine Gemeinde finden, in der Sie sich geborgen und wohl fühlen, schließlich sind Sie dort in Gemeinschaft mit Ihrer geistlichen Familie, und seien Sie ermutigt so lange danach zu suchen, bis Sie fündig geworden sind. Es gibt in jeder kleinen und größeren Stadt eine Vielzahl von Gemeinden, die das lebendige Wort predigen, was bedeutet, dass eine Predigt mit dem Heiligen Geist gefüllt ist und diese direkt in Ihre Lebenssituation hineinspricht und Ihnen somit Kraft und Ermutigung gibt, damit Sie durch Gottes Kraft befähigt werden, neue, göttliche Schritte zu gehen. Überall finden sonntags Gottesdienste statt. Seien Sie neugierig und probieren Sie aus was zu Ihnen passt, Gott hat so viel für Sie vorbereitet. Achten Sie aber darauf, dass Sie eine Gemeinde aussuchen, die sich treu an die Bibel hält, Jesus als Erlöser liebt und ehrt und keine zusätzliche Lehre verkündigt.

Anbetung und Lobpreis mit der Gemeinde zu erleben ist aber nur eine Möglichkeit, Freude und Sehnsucht für Jesus auszudrücken. Zuhause habe ich eine Vielzahl von wunderschönen CDs und täglich höre ich diese Musik und lasse mich inspirieren. Im Anhang dieses Buches habe ich eine kleine CD-Auswahl zusammengestellt, die Sie inspirieren und unterstützen wird, in die Nähe und Gegenwart Gottes einzutreten.

Unsere Beziehung zu Gott ist kein Fertigprodukt, es ist wichtig, dass wir täglich neu auf Jesus zugehen und ihn fragen: Herr, was ist Dein Wille heute für mich? Nicht immer gelingt uns der Dialog auf Anhieb, dann nehmen Sie sich einen Moment der Ruhe und erinnern Sie sich, was Gott schon alles für Sie getan hat, erinnern Sie sich an die schöne Zeit mit ihm. Fangen Sie an, ihm für alles zu danken, und loben Sie ihn für alles, was er noch für Sie tun wird.

Gott ist für unsere Augen nicht sichtbar, denn er ist Geist und deshalb sprechen wir in einer von Geist-zu-Geist-Kommunikation mit ihm. Das ist wie mit einem Radio. Wenn Sie einen bestimmten Sender hören möchten, benötigen Sie dazu die exakte Frequenz. Sie werden die vom Sender ausgeschickten Informationen nur empfangen, wenn diese Voraussetzung erfüllt ist. Wenn Sie auf göttlicher Frequenz empfangen möchten, dann sollte Ihr Herz suchend, dürstend, offen, weich und frei sein, denn Gott wünscht sich nichts mehr, als ein auf Empfang gerichtetes Herz heimzusuchen.

Es ist nicht schwer, Gottes Gegenwart zu erspüren, es soll keine Rarität sein, sondern Normalität in Ihrem Leben. Im Gebet öffnen wir uns seiner Gegenwart, seiner Herrlichkeit und seinen Wundern. Es ist so wie mit der Liebe. Wenn wir sie begehren und wir unser Herz für sie öffnen, wird sie uns heimsuchen und wird sich in uns niederlassen.

Wenn wir für Gott singen oder Musik hören, die ihm die Ehre gibt, stimmen wir unser Herz auf ihn ein und sind in seinem Wort, dann wird er in uns einziehen. Die Bibel sagt, dass er die belohnt, die in seinem Wort bleiben. Stimmen Sie mit ein in die Chöre der Welt, die den Herrn anbeten und ihm alle Ehre geben. Nichts auf dieser Welt ist erbauender und setzt mehr Segen über unserem Leben frei. Jesus bringt sein Licht in Ihr Leben, wenn Sie sich nach ihm ausstrecken und ihn begehren, ihn im Gebet suchen. Es gibt den Einen im Himmel, der schon immer für Sie war, und jetzt ist die Zeit, in der er Sie herbeiruft und Sie seine Gnade auf Ihrem Leben empfangen sollen.

Übrigens

In einer Studie der Universität Columbia in New York City teilten die Forscher 219 Kinderwunschpatientinnen in zwei Gruppen. Für eine davon wurde gebetet, für die andere Gruppe nicht. Weder die Frauen noch die Ärzte wussten von dem Versuch. Das Ergebnis fiel eindeutig zugunsten der „Bet-gruppe“ aus: Dort wurde die Hälfte der Frauen schwanger, doppelt so viele wie in der Kontrollgruppe (aus: Psychologie Heute, März 2005).

Gedanken zur Vertiefung

☺ Gott hat Sie als Powerpaket ausgestattet, angefüllt mit wunderbaren Gaben und Talenten. Auf Ihrem Leben liegt eine von Gott gegebene Berufung. Sie herauszufinden und zu leben ist die Eintrittskarte in ein erfolgreiches, gesegnetes Leben. Finden Sie heraus, welche dieser Gaben und Talente Ihre Hauptstärken sind, denn sie führen Sie in Ihre Berufung hinein. Beantworten Sie diese vier Fragen:

1. Was bereitet Ihnen am meisten Freude?
2. Wofür können Sie sich begeistern?
3. Wofür bekamen Sie in der Vergangenheit positives Feedback, worin hatten Sie Erfolg?
4. Was regt Sie am meisten auf und bringt Sie auf die Palme?

Schritte zur Vertiefung

Gott schuf Sie als sein Ebenbild. Vergegenwärtigen Sie sich nun seine unendliche Kreativität in Ihnen. Sie sind einzigartig, auf der ganzen Welt gibt es niemanden, der so ist wie Sie. Denken Sie darüber nach.

Gottes Kreativität ist genial. Sie sind genial. Was bedeutet das für Sie? Nachdem Sie mehr über Ihre Gaben und Talente wissen, danken Sie Gott dafür und stellen sich folgender Aufgabe:

Schreiben Sie einen Text, begrenzen Sie sich dabei aber unbedingt auf fünfundvierzig Minuten.
Schreiben Sie eine Fantasiegeschichte, in der Sie, durch den, der in Ihnen wohnt, eine Heldin, ein Held sind, eine Person der alles gelingt, die keinen Mangel kennt und über keine Opfermentalität mehr verfügt.

Schreiben Sie Ihr Leben in einen erlösten Zustand um, in dem Gott die Hauptperson sein soll, formulieren Sie Ihre Dankbarkeit für das bereits Empfangene in Ihrem Leben. Rühmen und ehren Sie Gott, sprechen Sie Leben und Gelingen über Ihrem Leben aus, lassen Sie einen David in Ihrem Herzen aufstehen, damit die Worte ein Spiegelbild von Gottes Größe und Ihrer Einzigartigkeit ausdrücken. Seien Sie so fantasievoll und originell wie möglich.

Es geht bei dieser Übung nur um Kreativität und Originalität, nicht um Perfektion! Gehen Sie über den gewohnten Bereich der Mittelmäßigkeit hinaus und erwecken Sie das in Ihnen schlummernde Künstlerherz. Schreiten Sie von Zeile zu Zeile wie ein Pionier voran und erobern Sie Land in Ihrer göttlichen Fantasie.

Es geht bei dieser Übung darum, sich spielerisch von Mangelgedanken zu verabschieden und mit Freude das zu bejahen und zu umarmen, was bereits für Sie bereitgestellt ist. Gehen Sie ganz entspannt an diese Aufgabe, schließlich wird nichts bewertet oder korrigiert.

Überschreiten Sie das angegebene Zeitlimit nicht. Nur Mut!

Affirmation

Ich bin kreativ; es macht mir Freude zu entdecken, wie sich mein kreatives Potenzial entfaltet und wächst.

Hörempfehlung

♪ CD „We believe"
Lied Nr. 14, Tina Rink : „Mach, was du am besten kannst."

Halleluja! Lobe den Herrn meine Seele!

Ich will den Herrn loben, solange ich lebe,

und meinem Gott lobsingen, solange ich bin.

Psalm 146,1-2

Halleluja! Lobet den Herrn!

Denn unsern Gott loben,

das ist ein köstlich Ding,

ihn loben

ist lieblich und schön

Psalm 147,1

Die Freude am Herrn ist unsere Kraft

Eine Entscheidung für Jesus bringt sicherlich in jedem Menschen unterschiedliche Reaktionen hervor. Gleich nachdem ich Jesus in mein Leben eingeladen hatte, hörte ich von morgens bis abends CDs mit Lobpreis-Songs und meine Familie musste gedacht haben, dass in mir eine erneute Teenagerzeit ausgebrochen sei. Den ganzen Tag bewegte ich mich beschwingt und singend durch die Wohnung und es war offensichtlich: ich erlebte eine frische Liebe in mir, und so wie es bei Verliebten eben ist, verleiht diese Liebe Flügel, und ich erlebte mit so viel Freude, wie Jesus mich mit seiner Liebe und seinem Geist füllte.

Das ist wunderbar mitzuerleben, wenn der Geist erwacht und die Flamme des Lebens sich ausstreckt und ruft: „Ja, Herr, ich will dich, öffne meine Augen, öffne meine Ohren, gib mehr von der Wahrheit in mein Leben hinein, gib mir mehr von dir!“ Wenn Sie so eine Aufforderung aussprechen, lässt der Herr nicht lange auf sich warten, denn das ist es, worauf er die ganze Zeit gewartet hatte, als er noch draußen vor Ihrer Lebenstür saß und mit sanftem Klopfen um Einlass bat.

Mit meiner Entscheidung für Jesus machte ich aber noch eine andere Entdeckung, denn es vergingen Tage, Wochen und Monate und dieses innige Verlangen, mehr von ihm zu empfangen, nahm einfach nicht ab. Es handelte sich offensichtlich um keine Liebesbeziehung, die sich mit der Zeit verbraucht oder die an ihrer Qualität und Quantität abnimmt, sondern ich lernte, dass, wer aus dieser Quelle trinkt, übernatürlich und beständig versorgt wird. Das Einzige, was ich während dieser Zeit vermisste, waren Menschen, mit denen ich diese wundervollen Erfahrungen hätte austauschen, Freunde mit denen ich meine Freude und Begeisterung hätte teilen können. Doch mein ganzes Umfeld spiegelte mein vergangenes Leben wider, liebe Menschen, die diese Sehnsucht nicht in sich trugen.

So wurde die Gemeinde, in die ich sonntags zum Gottesdienst ging, zu meiner kleinen Oase, in der ich mich verstanden und geborgen fühlte. Zwar hatten sich zu diesem Zeitpunkt noch keine persönlichen Kontakte entwickelt, doch allein schon die Begrüßung am Eingangsportal durch einen persönlichen Händedruck gab mir das Gefühl dazuzugehören. Ein freundliches Lächeln und eine entgegengestreckte Hand können für einen fremden Menschen zu gegebener Zeit bedeutungsvoller sein als eine gute Predigt. An dieser Stelle ein großes Dankeschön an alle Geschwister, die einen Begrüßungsdienst in ihren Gemeinden übernommen haben, ihr übernehmt einen sehr wichtigen Dienst und stellt den wichtigsten aller Kontakte her, den Erstkontakt.

Mit der Zeit wurde mein Wunsch größer, persönliche Kontakte und Freundschaften zu anderen Christen zu finden und ich fing an dafür zu beten. Gott erhörte mich und heute habe ich so viele liebe Geschwister in meiner Gemeinde, in meiner Stadt und sicherlich auf der ganzen Welt. Beten Sie für Kontakte in Ihrer neuen Gemeinde und Gott wird reagieren.

Vieles veränderte sich innerlich in mir und zeigte sich dann auch nach und nach im äußeren Leben. Jesus zog mehr und mehr mit seinem Frieden in meine Person ein und ich wurde für meine Mitmenschen auffallend ausgeglichener. Sicherlich wunderten sich meine Tanzschüler über meine abnehmende Strenge, eine Verspätung oder ein vergessener Kaugummi im Mund brachten mich nun nicht mehr aus der Ruhe. Auch bemerkten alte Freunde von mir, dass ich ein besserer Zuhörer wurde und die harten Züge aus meinem Leben wichen. Die Liebe Jesu beschenkte mich von nun an mit neuen Herzensqualitäten wie Freude, Barmherzigkeit, der Fähigkeit vergeben zu können und der Erfahrung, auch in der Schwäche geschützt und geborgen zu sein.

Wenn Gottes Liebe in ein Herz einzieht, dann reinigt, durchdringt und verändert sie eine Person. Je mehr wir die Nähe zu ihm suchen, umso mehr formt er uns nach seinem Ebenbild. Es sind die geistlichen Wurzeln in Jesus Christus, die ich heute als das Wertvollste und Wichtigste im Leben erkenne. Und da ist noch so viel mehr, das uns Jesus geben will.

Wir bitten unseren Herrn oft um seinen Segen und bewerten diesen dann viel zu sehr nach materiellen Kriterien. Das Schönste aber ist, IHN zu erkennen, und das Wichtigste ist, dass ER unser

Freund ist. Er läuft mit uns, er ist unser Erbe. Derselbe Geist, der Christus von den Toten auferweckt hat, wohnt heute in jedem Christen. Wer mit solchen Erfahrungen in seinem Leben beschenkt wird, wird stark, mutig und mündig und wird sein Haus auf diesen Felsen bauen wollen.

Matthäus 7, 24-25: *„Jeder nun, der diese meine Worte hört und sie tut, den werde ich mit einem klugen Menschen vergleichen, der sein Haus auf den Felsen baute; und der Platzregen fiel herab, und die Ströme kamen, und die Winde wehten und stürmten gegen jenes Haus; und es fiel nicht, denn es war auf den Felsen gegründet."*

Meine schönsten Momente, in denen ich mit der Schönheit Gottes verfloss, wollte ich jetzt auch kreativ ausdrücken und so kaufte ich mir eine gebrauchte Gitarre und begann, aus christlichen Liederbüchern Lieder nachzuspielen. Manchmal hatte ich das Gefühl, einem Schnellkochtopf zu gleichen: Gott füllte mich stetig mit seinem lebendigen Wort und durch die Kraft seines Geistes nahm ich so viel von seiner Gegenwart auf, dass die Kreativität, die ich für den Herrn entwickelte, mein Ausgleichsventil wurde.

Das ist Gottes Wille in unserem Leben, dass er uns soweit mit seiner Herrlichkeit und Liebe füllt, dass wir wahrlich überlaufen und unsere Umgebung überschwemmen mit der sichtbaren Liebe Gottes in uns. Wenn Sein Licht der Liebe in uns scheint, erhellen wir jeden Ort, jedes schwere Gemüt, jede Sorge und jeden Mangel, durch den, der in uns lebt. Dann erleben wir, wie Sein Segen fließt, und werden Zeuge, wie übernatürliche Dinge geschehen.

So geschah es, dass ich meinen ersten Song morgens in der Zeit von 8.00 – 8.20 Uhr in meinem Ferienhaus schrieb. Eine Zeit in der meine Familie noch schlief, ich bei meiner morgendlichen Kanne Tee saß und die Ruhe vor dem Sturm genoss. Da legte sich der Geist Gottes plötzlich über meine Gedanken, und ohne dass ich nachgedacht hätte, flossen Text mit Melodie in kürzester Zeit aus meiner Feder. Meine Verwunderung war natürlich groß über diese Erfahrung, denn ich hatte gerade erlebt, einen Text zu schreiben, der nicht aus eigener Anstrengung, sondern aus seiner Kraft heraus entstanden war.

Als ich nachmittags am Strand spazieren ging, war das Lied immer noch in mir, jede Note, jedes Wort erklang in mir und beschenkte mich mit Freude. Das sind Erfahrungen, die ermutigen, dafür zu beten, dass Gott mehr und mehr Kreativität freisetzt, damit wir zu seinem persönlichen Instrument heranwachsen, das Gott die Ehre gibt, damit er noch tiefer in unserem Leben wirken kann.

Damit Sie sofort in eine lebendige Erfahrung mit Lobpreis eintreten können, habe ich eine Liste mit CD-Hörempfehlungen im Anhang dieses Buches erstellt.

Mit Lobpreis halten wir einen wichtigen Schlüssel in der Hand, der uns die Tore zum Himmlischen Vater öffnet und uns in seine Gegenwart führt. Lobpreis bringt so viel Licht in das Gemüt, vertreibt störende Gedanken und reißt den Himmel über uns auf. Auch die folgende Bibelstelle veranschaulicht nochmals, was Lobpreis bewirkt.

1. Samuel 16,23: „*Und es geschah, wenn der Geist von Gott über Saul kam, nahm David die Zither und spielte darauf mit seiner Hand. Und Saul fand Erleichterung, und es ging ihm besser, und der böse Geist wich von ihm.*“

Gedanken zur Vertiefung

☺ Jesus ist auch unser Lehrer. Wenn er Lehrer ist, dann sind wir seine Schüler. Schüler im Geist zu sein, lebenslang, ist eine köstliche Aufgabe. Jesus möchte Ihnen heute mit dem größten und ersten Gebot begegnen.

☺ Lesen Sie in der Bibel Matthäus 22, 36-38.

Schritte zur Vertiefung

Nehmen Sie sich Zeit für Gott und legen Sie eine Lobreis-CD ein. Lassen Sie Ihr Herz von der Gegenwart Gottes berühren und vertiefen Sie das Gefühl der Dankbarkeit für Ihr Leben.

Für die folgende Übung benötigen Sie viel Zeit und Kreativität, vielleicht beschäftigen Sie sich in kleineren Etappen an mehreren Tagen oder Wochen mit dieser Aufgabe. Geben Sie hundert Prozent und mehr in diese Übung, so wie Gott eben auch alles für Sie gab, als er seinen geliebten Sohn Jesus Christus für Sie am Kreuz hergab. Drücken Sie Ihre Dankbarkeit kreativ und künstlerisch aus und es wird etwas Einzigartiges dabei heraus kommen. Stellen Sie sich nun folgender Aufgabe:

Erstellen Sie eine Collage, die alles aufzeigen wird, wofür Sie Gott danken wollen. Danken Sie für das, was Sie bereits empfangen haben, und danken Sie für das, was Sie noch empfangen möchten, gemäß Markus 11,24: *„Darum sage ich euch: Alles um was ihr auch betet und bittet, glaubt, dass ihr es empfangen habt, und es wird euch werden.“*

Wenn Sie zum Beispiel alleine leben und sich nach einem Ehemann/frau sehnen, dann bringen Sie Ihren Wunsch hier symbolisch auf das Papier. Träumen Sie von Ihrer eigenen Firma mit einer roten Luxuslimousine vor dem Eingangstor? Dann bringen Sie es in Ihre Collage ein. Sie haben sich schon immer gewünscht, auf einem Kamel durch die Wüste zu reiten, einen Gletscher am Nordpol zu besteigen oder einen Kinderhilfsdienst in Ihrer Heimatstadt zu gründen?

Wenn Ihre Absichten in Übereinstimmung mit Gottes Willen sind, wird es Gott eine Freude sein, seinen Segen darüber auszugießen. Nicht immer erfüllt Gott all unsere Wünsche, aber seine Verheißungen wird er erfüllen. Schneiden, kleben, malen, fotografieren, dichten Sie, was das Zeug hält. Nehmen Sie ein großes Stück Bastelpappe ca. 60 x 60 cm und montieren Sie symbolisch alles darauf, wofür Sie Gott danken möchten. Verwenden Sie aus Zeitschriften und Katalogen Werbefotos sowie Schriftzüge oder malen Sie ergänzend hinzu mit unterschiedlichsten Farbutensilien, verwenden Sie Formen und Materialien, die Ihre Kreativität anregen, benutzen Sie einfach alles, was Ihnen einfällt.

Lassen Sie sich in Ihrer Kreativität nicht begrenzen. Sie werden sich wundern, was alles in Ihnen steckt! Unterteilen Sie die Collage in folgende Lebensbereiche, lassen Sie aber die unterschiedlichen Bereiche ineinander übergehen, sich berühren:

1. Gott, Spiritualität
2. Körper, Gesundheit, Ernährung
3. Kommunikation, Geselligkeit
4. Familie
5. Freundschaft
6. Hobby
7. Beruf, Bildung

Affirmationen

Dankbar erkenne ich an, dass ich vielmehr kann, als ich mir zugetraut habe. Heute ergreife ich den großen Reichtum, den Gott über meinem Leben ausgesprochen hat.

„Wunderbar sind deine Werke und meine Seele erkennt es sehr wohl“ (Psalm 139,14).

Fragen wir, wie wir ein Leben
mit Gott anfangen könnten,

so antwortet die Bibel,

dass Gott schon längst
das Leben mit uns angefangen hat.

Dietrich Bonhoeffer

Eine köstliche Brotzeit mit dem Herrn

Vor einiger Zeit besuchte ich in meiner Gemeinde ein Seminar zum Thema: „Kreative Anbetung". Am vorletzten Tag bekamen wir eine Hausaufgabe gestellt. Wir sollten uns eine Person aus dem Seminar aussuchen und diese am letzten Tag mit einem kleinen persönlichen Geschenk überraschen. Ein interessanter Gedanke, denn dadurch, dass wir uns untereinander nicht absprechen sollten, bestand durchaus die Möglichkeit, dass der eine oder andere Teilnehmer mit Geschenken überhäuft werden würde und manch einer eventuell leer ausginge.

Unser Seminarleiter forderte uns aber auf, einfach in die Situation hinein zu vertrauen. Ich denke, das war ein ziemlich weiser Rat. Ich fuhr nach Hause und als ich am Abend genügend Zeit und Ruhe fand, bat ich Gott, mir eine Person zu zeigen, die ich beschenken dürfte. So führten mich meine Gedanken zu einer Frau, die mir während der Seminartage zu erkennen gegeben hatte, dass sie in Bezug auf Glaubensstabilität kontinuierlich in eine Berg- und Talfahrt gezogen wurde. Tatsächlich hatte sie mich auch in den Pausen schon angesprochen und um Rat gebeten und nun fühlte ich, dass der Heilige Geist bereits etwas geplant hatte.

So kam es, dass ich erst noch eine ganze Weile meinen Kopf zergrübelte und mich bemühte aus eigener Anstrengung eine kreative Idee zu entwickeln, doch dabei kam nichts Gescheites heraus. Also entspannte ich mich und in einem Gebet rief ich Jesus noch einmal in diese Situation hinein. Mir wurde klar, dass wir gerade um geistliche Wahrheiten zu verstehen, ein Handeln, ein Tun, einen aktiven Beitrag an unser intellektuelles Verstehen ankoppeln müssen, damit wir in eine räumliche Dimension des Be–greifens hineinkommen. Wir sind einfach so angelegt, dass eine neue Erkenntnis über eine praktische Erfahrung abgesichert und verankert werden will.

Beim aufmerksamen Betrachten eines Kleinkindes sehen wir den großen Stellenwert von sinnlicher Wahrnehmung. Alles will berührt, betastet und geschmeckt werden. Diese Anlage ist im Menschen tief verwurzelt. Gehen Sie einmal aufmerksam durch ein Kauf- oder Möbelhaus und beobachten Sie, wie Menschen alles mögliche in die

Hand nehmen und ausprobieren. An diesen Orten wird jeder Erwachsene wieder zum Kleinkind.

In der Bibel steht, dass wir das Wort er–greifen sollen (Epheser 6,13), und das ist in der Tat so gemeint. Es ist der Aufruf, eine geistliche Erkenntnis in das Sichtbare umzusetzen und über die praktische Erfahrung wird es lebendig und ein Teil von uns werden.

Es ist Gottes Wille, dass wir zu einem mündigen, handelnden Christ heranwachsen und nicht in einer geistigen Erkenntnisstraße stecken bleiben. In dieser Beziehung ist Gottes Absicht eine Einbahnstraße, die uns weiter und weiter in das Handeln überführen will und niemals in einer vergeistigten Sackgasse enden soll.

Mit diesen Gedanken war ich sehr inspiriert und mir kam die Idee, dieser jungen Frau symbolisch ein starkes Herz im Glauben zu schenken, dass sie anfassen und be–greifen konnte, das köstlich duftete und das bei genauer Betrachtung vor ihren Augen aufging und wuchs. Und so entstand folgendes Rezept:

Symbolisches Brot für ein starkes Herz im Glauben

Voraussetzungen:

- Schaffen Sie eine Atmosphäre und wählen einen Zeitpunkt, wo Sie die Gegenwart Gottes einladen und Freude und Erwartung in Ihnen spürbar werden.
- Backen Sie dieses Brot wirklich mit Hingabe und bringen Sie Ihre ganze Vorstellungskraft mit ein.
- Seien Sie voller Zuversicht, dass alles gelingt, was Sie sich jetzt vornehmen.

Rezeptanleitung, Zutaten

- Kaufen Sie eine Fertigbackmischung für ein Mehrkornbrot.
- Vermengen Sie die Backmischung mit Wasser (biblische Bedeutung vom Wasser des Lebens = Heiliger Geist) .
- Fügen Sie die Hefe hinzu. Sie symbolisiert hier den Glauben, den Sie hinzufügen müssen, damit der Laib aufgeht.
- Mengen Sie jetzt die Körner unter den Teig. Sie symbolisieren

die vielen Gaben und Talente, die vielen Kostbarkeiten, die Gott Ihnen in Ihr Herz gelegt hat.

- ♦ Formen Sie jetzt aus dem Brotteig ein Herz und backen Sie das herzförmige Brot. Schauen Sie zu, wie das Herz aufgeht, rund und schön wird und dabei auch noch köstlich duftet.
- ♦ Bevor Sie das Brot essen, sprechen Sie ein Gebet und nehmen Sie im Glauben an, dass Gott Ihnen ein starkes Herz im Glauben bereits gegeben hat.

- ♦ Gesegnete Mahlzeit!

Eine Woche nachdem ich das Rezept verschenkt hatte, traf ich die Frau in meiner Gemeinde wieder. Sie kam mir entgegen, strahlte mich an und erzählte mir, dass sie das Brot mit anderen Christen geteilt hatte und daraus ein gesegnetes Abendmahl gestaltet wurde. Ihr Herz sei rund und schön geworden und gut aufgegangen.

Wenn wir das Wort ergreifen, wenn wir handeln und ins Geben kommen, lassen die Segnungen des Herrn nicht lange auf sich warten. In diesem Sinne: Nachbacken empfohlen!

Gedanken zur Vertiefung

☺ Ich breite meine Arme aus und empfange die Fülle Gottes in meinem Herzen. Mehr und mehr werde ich mir dieser Fülle bewusst. Jesus kann mehr als genug von seiner Liebe in mein Herz legen und mein verletztes Herz heilen.

Schritte zur Vertiefung

Beginnen Sie heute, jeden Tag einen liebevollen Kontakt zu Ihrer Umwelt herzustellen: Riechen Sie an einer Blume und genießen Sie ihren verströmenden Duft. Grüßen Sie Ihren Nachbarn liebevoll. Rufen Sie einen Freund an, von dem Sie schon länger nichts gehört haben und fragen Sie ihn, wie es ihm geht. Kaufen Sie sich eine Zimmerpflanze und übernehmen Sie dafür die Pflege. Gönnen Sie sich eine Massage. Gehen Sie in die Natur und streichen Sie mit Ihren Fingern an der Borke eines Baumes entlang. Sensibilisieren Sie sich für Gottes Fülle in dieser Welt und nehmen Sie in Dankbarkeit an, was er für Sie bereitgestellt hat.

Sicher ist ein Schiff nur im Hafen –

aber dafür

sind Schiffe nicht gebaut.

John A. Shedd

Der dritte Schritt

Werden Sie ein Nachfolger

Auf der Aussichtsterrasse des Mailänder Flughafens durchfluteten die Sonnenstrahlen das gläserne Gebäude. Es war einer dieser herrlich klaren Herbsttage und der Himmel zeigte sich in seinem strahlendsten Blau. Geschäftig fuhren Versorgungsfahrzeuge zu den Maschinen, rollten Flugzeuge zu den Startbahnen und große Zubringerbusse versorgten die Maschinen mit Passagieren.

Ich befand mich an diesem Morgen an einer dieser riesigen Panoramascheiben und wartete auf meinen Anschlussflug nach Berlin, als mir ein kleines Lotsenfahrzeug auffiel, das einer Passagiermaschine voranfuhr, um diese von der Landebahn in ihren Parkhafen zu führen. Kennen Sie diese Fahrzeuge, die im Verhältnis zu den riesigen Boeings aussehen wie kleine Ameisen und mit ihrer Leuchtschrift dem Piloten signalisieren: *„Follow me!“*. Genau das möchte Jesus mit uns Menschen tun: er möchte uns dort, wo wir in unserem Leben stehen, dort wo wir gelandet oder gestrandet sind, abholen und sagen: *„Follow me!“* und ich bringe euch in einen sicheren Hafen, dort sollt ihr alles bei mir abladen, denn ich will euch neu füllen und zu erkennen geben, dass ich euer Versorger bin. Jesus sagt in Johannes 8,12: *„Ich bin das Licht der Welt; wer mir nachfolgt wird nicht in der Finsternis wandeln, sondern wird das Licht des Lebens haben.“*

Ich betrachtete, wie die Flugzeuge auf dem Airport starteten und landeten, und beobachtete, wie das Reinigungspersonal die Maschinen von Müll und Verunreinigungen befreite. Gleich nachdem diese Grundreinigungen beendet waren, begannen fleißige Hände, die Maschinen neu auszustatten mit frischen Lebensmitteln, Getränken, neuer Lektüre, Treibstoff, und Mechaniker überprüften den technischen Zustand der Maschinen.

Verstehen Sie, bei Jesus ist das nicht anders. Bei ihm können Sie ihr unliebsames Gepäck abladen und Sie werden erleben, wie es in Ihrem Inneren leicht und frei wird. Doch keine Sorge, Sie werden sich nicht leer fühlen, nachdem Sie ihr unliebsames Gepäck über

Bord geworfen haben, denn Jesus wird ihr Herz sofort mit seiner Liebe ausfüllen, so dass Sie keine Sekunde ihren Altlasten hinterher weinen werden. Wenn Sie ihm folgen, wird er Sie beiseite nehmen und Ihnen zeigen, welche beraubenden Lebenshaltungen und Einstellungen sich in Ihnen eingenistet hatten und er wird Ihnen zu erkennen geben, dass aus solchen Pflanzen keine gesunden Früchte wachsen können. Ganz sanft lässt er das Maß Ihrer Erkenntnis heranwachsen, und nach und nach wird in Ihrem Leben eine wunderbare Veränderung stattfinden.

Im Matthäusevangelium spricht Jesus im Kapitel 11, Verse 28-30: *„Kommt her zu mir, alle ihr Mühseligen und Beladenen! Und ich werde euch Ruhe geben. Nehmt auf euch mein Joch, und lernt von mir! Denn ich bin sanftmütig und von Herzen demütig, und „ihr werdet Ruhe finden für eure Seelen"; denn mein Joch ist sanft, und meine Last ist leicht."*

Jesus lädt ein, in seiner Gegenwart auszuruhen, sich zu besinnen, um dann zu erkennen, dass ER ein verlässlicher Ratgeber ist, der das richtige Maß kennt, und Sein Wort an uns ohne Lug und Trug ist.

Bitte, sage mir,
welchen Weg ich gehen soll.

Das hängt davon ab,
wohin Du gehen willst.

Alice im Wunderland

Vielleicht fragen Sie jetzt, wohin denn diese Nachfolge führen soll und wo überhaupt das vorbereitete Ziel von Gott für Sie liegt? Gott möchte Sie in das Land hineinführen, wo Milch und Honig fließen, denn Gott hat es Abraham und Isaak und uns allen versprochen. Es ist ein heiliges Land, das bereits vorbereitet und angelegt ist, und es einzunehmen beinhaltet Ihre vollständige Versorgung. Sie betreten diesen Ort, wenn Sie Gott erlauben, Sie mehr und mehr mit seiner Liebe zu füllen, denn dort, wo Gott bereits in Ihnen wohnt, ist kein Platz mehr für Gedanken des Mangels, für Ängste, selbstzerstörerische Handlungen, Sünde, Krankheit, Not, Traurigkeit, Depressionen und Selbstzweifel.

Man kann es auf einen ganz einfachen Nenner bringen: Alles, was Sie von Gott trennt, spiegelt einen Lebenszustand von Sünde wieder. Es sind die Bereiche, in denen Sie nicht von Gottes Liebe genährt werden, weil Sie durch Ihren freien Willen die entsprechenden Tore zu Ihrem Herzen noch nicht geöffnet haben. Jesus überfällt Sie nicht einfach, er braucht Ihr Mandat, um in Ihrem Leben wirken zu können.

Das Wort *Sünde* bedeutet: am Ziel vorbei. Ursprünglich wurde es beim Bogenschießen benutzt, und Sünde ist der Bereich auf der Zielscheibe, der außerhalb der Zielmarkierungen liegt. Wo in Ihrem Leben leben Sie am Willen Gottes vorbei und erleben die Folgen von Sünde? Als Gott den Menschen erschuf, schuf er ihn aus einer Liebesbeziehung heraus, und das ist bis heute eine Verbindung, die von Gott nie aufgelöst wurde. Es ist der einzelne Mensch, der mit seiner persönlichen Entscheidung aus dieser Beziehung heraustritt und gegebenenfalls ein Leben lebt, das von der Liebe Gottes getrennt und abgeschnitten ist und somit Auswirkungen aufzeigen wird, was geschieht, wenn wir aus der Liebe Gottes heraustreten.

Folglich beschreiben Sünde und die Auswirkungen von Sünde einen Lebenszustand, der nichts gemein hat mit dem wohlgemeinten Empfängerstatus, den Gott für uns vorgesehen hat. Wenn Sie sich heute in einer Lebenssituation befinden in der Ihnen bewusst wird, dass Sie zu weit von Gott entfernt gelebt haben, dann folgen Sie ihm erneut nach, kehren Sie um, und erinnern Sie sich an die Situation auf dem Flughafen. Greifen Sie dieses Bild auf, und die Aufforderung: *„Follow me!"* soll Ihre Entscheidung für Jesus sein. Unser Gott ist ein Gott der Wiederherstellung und er wird alle Bereiche Ihres Lebens heilen und vervollständigen, wenn Sie sich ent-schließen (wo hatten Sie sich eingeschlossen, waren gefangen?), wieder an die Quelle des Lebens zurückzukehren.

Wenn Sie bereit sind, sich durch den Heiligen Geist ent-schließen zu lassen, erwächst daraus Entschlossenheit, dem Einen mehr und mehr nachzugehen. Es ist einzig und allein Ihr Herz, das ihn begehren muss, denn Gott ist gut zu denen, die ihn begehren. Auf ihn ist Verlass und seine Gnade hört niemals auf, wenn wir ihm mit ganzem Herzen nachfolgen! Ihm nachzufolgen, um ihm dann ähnlicher zu werden, dafür kam Jesus auf diese Welt. ER möchte, dass wir die Werke tun, die er getan hat.

Es begeistert mich immer wieder, neu zu wissen, dass Gott uns heute noch genauso liebt wie von Anbeginn. Das ist seine Zusage, das ist verbindlich, denn in Hebräer 13,8 steht: *„Jesus Christus ist derselbe gestern und heute und in Ewigkeit."*

Gedanken zur Vertiefung

- ☺ In welchen konkreten Dingen leben Sie in Übereinstimmung mit Gott?
- ☺ Wo in Ihrem Leben leben Sie am Willen Gottes vorbei?
- ☺ Aus Gottes Sicht ist das Sünde. Wo können Sie bereits die Folgen von Sünde erkennen? (z.B. Rauchen – Husten; langes Fernsehen bis spät in die Nacht – müde und kraftlos am nächsten Tag).
- ☺ Wo können Sie noch keine Folgen von Sünde erkennen?

Bitten Sie Jesus, Ihnen einen Bereich, eine Situation, eine Tätigkeit aufzuzeigen, in der Sie vom Willen Gottes abweichen. Es erfordert Mut, sich in Ehrlichkeit seinen eigenen Schwächen zu stellen. Halten Sie sich aber vor Augen, dass es bei dieser Übung um Ihre Heilung und Ihre Wiederherstellung geht und Jesus der Weg zum Leben ist. Gottes Liebe für Sie ist stärker als die Versuchungen der Sünde. Gottes Wort hat Kraft . Ergreifen Sie das!

- ☺ Bringen Sie Jesus Ihre Anliegen täglich im Gebet, und vertrauen Sie darauf, dass er eingreifen wird. Nehmen Sie in Ihr Gebet Psalm 51,12 mit hinzu.
- ☺ Fokussieren Sie die Bereiche in Ihrem Leben, in denen Sie Befreiung erwarten, und beobachten Sie, wie sich die Dinge verändern.
- ☺ Bleiben Sie dran an Gottes Wort und lesen Sie täglich in der Bibel.
- ☺ Halten Sie die Heilungsschritte in Ihrem Gebetstagebuch fest. (Im vierten Schritt erfahren Sie mehr über das Gebetstagebuch).

Liebe ist die goldene Leiter,
auf der das Herz zum Himmel steigt.

„Tag für Tag trägt er uns“ (Psalm 68,20) oder: Gib mir Augen, die Dich erkennen!

Bekehrung ist der entscheidende Augenblick im Leben eines Menschen, an dem wir uns entscheiden können unsere Selbstbestimmung abzulegen und so zu leben, wie Gott es für uns vorgesehen hat.

Die Geschichte meiner Bekehrung ist sicherlich genauso einzigartig wie die Geschichte jedes anderen Menschen auch, der Jesus Christus als seinen Erlöser angenommen und erfahren hat. Und doch möchte ich an dieser Stelle meinen Weg der Bekehrung erzählen, um aufzuzeigen, dass Jesus Christus nur ein Gebet weit von uns entfernt ist.

Auf Empfehlung einer guten Freundin besuchte ich an einem Wochenende ein Selbsterfahrungs-Seminar in der Erwartung, mehr über mich und mein Leben zu lernen und zu verstehen. So stolperte ich in eine Situation hinein, die mich völlig unvorbereitet traf. Ich suchte nach mir, wollte mich selbst verwirklichen, meine Potenziale freisetzen, Begrenzungen überwinden, geistig wachsen, und das was ich fand, war etwas völlig anderes als ich erwartet hatte. Ich suchte nach mir und fand dabei Gott!

Zu dem damaligen Zeitpunkt war ich extrem untergewichtig, die Ärzte bezeichneten diesen Zustand als Anorexie, das ist Magersucht, und jeder Versuch, mein Körpergewicht zu erhöhen, blieb bis vor dem Seminar erfolglos. Doch wenn Gott eingreift und unser Herz mit seiner Liebe flutet, dann ist diese Kraft stärker als alles, was wir bisher für möglich gehalten hatten. Ich erlebte ein Wunder an meinem eigenen Körper, denn an diesem Wochenende nahm ich fünf Pfund zu, ohne dass ich entsprechend Nahrung zu mir genommen hatte.

Gott sprengte mit seiner Liebe die Mauern des Mangeldenkens, die Mauern der Unvergebenheit und versorgte mich auf seine übernatürliche Art und Weise. Dieser Prozess setzte sich fort und innerhalb eines Jahres nahm ich fünfzehn Kilo zu. Ich erlebte ein dermaßenes Wohlgefühl in meinem Leben, dass ich unbedingt verstehen wollte, von welcher Quelle ich geschöpft hatte und woher mein fantastischer Lehrer sein Wissen bezog.

Nach einiger Zeit bot dieser Lehrer wieder ein Seminar an, dieses Mal mit dem Titel „Prayer Talk“, und in diesem Tagesseminar bekam ich die Antworten auf meine Fragen, denn dieser Mann bekannte sich hier als bibelkundiger Christ und hielt einen zwölfstündigen Bibelvortrag in einer so lebendigen Art und Weise, dass ich an diesem Tag siebenunddreißig DIN A4 Seiten mitschrieb und mir vornahm, diese vielen Informationen und Quellennachweise nachzuarbeiten.

Ich tat mich in der folgenden Zeit mit ein paar Freunden zusammen, die auch diesen Vortrag besucht hatten, und wir gründeten einen privaten Bibelkreis und trafen uns regelmäßig. Da keiner von uns ein Vollblutchrist war, stießen wir oft an die Grenzen unseres Verständnisses und nach zwei Jahren kam für mich der Zeitpunkt, wo ich einfach spürte, dass es da noch viel mehr für mich zu ergreifen gab, ich aber doch nicht wusste, wie ich weiter vorgehen sollte. Und da entschloss ich mich etwas zu tun, was große Folgen haben sollte: Ich betete und sprach: „Gott, wenn es Dich wirklich gibt, dann schicke mir ein Zeichen, ich brauche das so dringend, denn ich fürchte, von Dir abzufallen.“

Bevor ich nun erzähle, wie treu unser Gott mir geantwortet hat, möchte ich aber noch zeigen, dass das Wort genau so von diesem treuen Gott berichtet. Lesen wir im 5. Mose 32,3-4: *„Denn den Namen des Herrn rufe ich aus: Gebt Ehre unserm Gott! Der Fels: vollkommen ist sein Tun; denn alle seine Wege sind recht. Ein Gott der Treue und ohne Trug, gerecht und gerade ist er!“*

Und im Psalm 117,2 steht: *„Denn mächtig über uns ist seine Gnade! Die Treue des Herrn währt ewig! Halleluja!“ sowie* 2. Korinther 1,18: *„Gott aber ist treu.....“.*

Nach einem Monat schickte Gott mir die erste Antwort auf mein Gebet. Ich ging in Berlin eine Einkaufsstraße entlang und betrat ein Strumpfgeschäft, wurde im Sortiment fündig und ging zur Kasse, um zu bezahlen, als mir ein ganzer Stapel Bücher auffiel, der neben der Kasse bereitgestellt lag. Die Verkäuferin hatte diesen Stapel der Ausgabe des Neuen Testaments zum Verschenken neben die Kasse gelegt und so nahm ich mir ein Buch mit und musste beim Zugreifen schmunzeln, denn ich ahnte, dass Gott mir hier ein Zeichen gab.

Etwa drei Wochen später fuhr ich mit der U-Bahn zur Arbeit und ein Mann mit dunklem Anzug, Krawatte und Aktenkoffer stieg in den Waggon und setzte sich mir genau gegenüber. Wir saßen so dicht beieinander, dass sich unsere Knie fast berührten. Er blickte mich an, öffnete seinen Aktenkoffer, holte eine große Bibel in einem schwarzen Ledereinband heraus und begann darin zu lesen. Mein Erstaunen war groß, denn seit acht Jahren fuhr ich regelmäßig mit der U- Bahn zur Arbeit und noch nie hatte ich einen Menschen vor mir in der Bibel lesen gesehen. Doch ganz tief in mir wusste ich, was Gott zu tun versuchte.

An dieser Stelle möchte ich noch einmal erwähnen, dass ich zu diesem Zeitpunkt noch keine Christin war. Ich hatte zwar viel und intensiv in der Bibel gelesen, doch hatte ich mein Herz noch nicht Jesus geschenkt. Genau genommen hatte ich noch gar nichts verstanden von dem, was ich bisher in der Bibel versucht hatte zu verstehen. Es hatte einfach keinen Durchbruch zu meinem Herzen gegeben, keine Berührung im Geist, keinen Funken, der mein Herz zu einem Feuer im Geist entfacht hatte, denn die Mauern um mein Herz glichen einer Festung. Nur ein übernatürliches Eingreifen würde eine Überführung möglich machen, doch das war mir damals alles gar nicht so bewusst.

Heute weiß ich, dass, wenn wir Gottes Geist suchen, er uns auch Augen des Geistes gibt, die ihn erkennen; ebenso gibt er Ohren des Geistes, die seine Stimme hören und verstehen. Es ist das Gebet, das Gottes Arm bewegt und göttliche Geschenke und Offenbarungen freisetzt. Wenn die Liebe sich vor uns ausrollt wie ein Teppich, dann ist es so leicht, ihm darauf entgegenzulaufen, doch zuerst muss sich diese Liebe zu ihm einmal entzünden und das kann kein Mensch aus sich heraus erwirken oder manipulieren.

Sie brauchen die Sehnsucht in Ihrem Herzen, ihn zu begehren und der Heilige Geist wird Sie in eine Liebesbeziehung überführen, die jegliche Vorstellung von Liebe in Beziehung übertreffen wird. Der Schlüssel zum Eintritt in das Reich seiner Herrlichkeit ist Ihr hungriges, suchendes Herz. Gott wird sich dann in seiner einzigartigen, göttlichen Art offenbaren.

Das ist es,

was der Glaube zu tun vermag,

wenn wir ihn hegen und pflegen,

so dass er gedeiht und wächst.

Dann bahnt er Tore in Hecken,

Türen durch Mauern;

und mit jedem Blick – ein neues Bild

als Vorgeschmack,

damit wir weitergehen

von Herrlichkeit zu Herrlichkeit.

Nicole Bernard

Der entscheidende Durchbruch, die letzte Mauer bricht ein

Es vergingen wieder wenige Wochen, als Gott ein drittes Mal in meinem Leben wirkte, und das sollte zu einem gewaltigen Durchbruch führen. An einem sehr frühen Januarmorgen lief ich mit meinem fünf Monate alten Sohn auf dem Arm durch die dunkle Wohnung und bereitete ihm in der Küche sein morgendliches Fläschchen. Ich machte extra kein Licht an, damit er noch möglichst lange im Halbschlaf blieb. Ich kehrte in das dunkle Wohnzimmer zurück, setzte mich mit dem Kind und Fläschchen auf das Sofa, als plötzlich der Fernseher ansprang, denn ich hatte mich versehentlich auf die Fernbedienung gesetzt.

Da saß ich nun etwas verschlafen, im linken Arm mein Kind, und mit der rechten Hand gab ich ihm die Morgenmilch. Der Fernseher lief unterdessen weiter, nur nebenbei vernahm ich, dass in englischer Sprache jemand sprach. Am liebsten hätte ich diesen Kerl gleich wieder weggedrückt, denn erstens wollte ich jetzt nicht fernsehen, und zweitens reichten meine Englischkenntnisse sowieso nicht aus, um ihn zu verstehen, doch im wahrsten Sinne des Wortes waren mir die Hände gebunden. Auf keinen Fall wollte ich die morgendliche Fütterung unterbrechen, denn das hätte meinen kleinen Sohn zu einem lautstarken Protest veranlasst.

So bildete der Fernseher die einzige Lichtquelle an diesem frühen Morgen und zog unweigerlich meine Blicke auf sich. Mittlerweile bereicherten deutsche Untertitel diese Sendung und ich blieb am Wort hängen. So wurde ich Wort für Wort, Satz für Satz in eine Predigt mit hineingenommen, die innerlich meine volle Zustimmung bekam. Viel mehr noch, ich erlebte eine Predigt, die mich im Herzen und im Geist begeisterte und eroberte. Mein Herz bejahte jeden Satz, den ich aufnahm und ich spürte, wie mein Herz schneller schlug. Jedes Wort, jeder Satz fiel auf fruchtbaren Boden und in meinem Herzen fand eine siegreiche Revolution statt!

Was dann mit mir geschah, ist fast nicht zu beschreiben. Als die Predigt zu Ende war, schaltete ich den Fernseher aus, saß immer noch im dunklen Wohnzimmer auf dem Sofa und war völlig aufgeregt. Ich spürte, wie mein Herz kräftig schlug, solche Befindlichkeiten kannte ich nur nach starkem körperlichen Einsatz. Ich dachte immer nur „was war denn das“ und ich wollte sofort wissen, wer dort gepredigt hatte, denn in so einer Klarheit und Reinheit war mir nie zuvor eine Predigt zu Ohren gekommen, geschweige denn in mein Herz vorgedrungen.

Mir war zum Weinen und zum Lachen gleichzeitig zumute, ich war verwirrt, denn einerseits rührte mich die Predigt tief an, andererseits war ich erfüllt von Freude und Begeisterung. An diesem Morgen traf ich die Entscheidung meines Lebens und gab Jesus mein Herz, und ich wollte nichts mehr lieber tun, als ihm nachzugehen. Es war tatsächlich eine Kehrtwende um einhundertachtzig Grad. Von einer Sekunde auf die andere wurde ich zu seiner Nachfolgerin. Und seit diesem Tag brennt mein Verlangen, IHM nahe zu sein.

Wenn Sie die Liebe zu ihm überführt hat, dann ist es keine Last, sondern eine Lust ihm nachzufolgen, und so entstanden alle weiteren Schritte aus einer Selbstverständlichkeit heraus. Ich bin sicher, dass das die einzige Beziehung ist, die Gott sich mit uns wünscht. Keine Form von Angst, Druck, Ausbeutung und Knechtschaft will Jesus auf uns ausüben, sondern uns eine liebevolle Form der Gemeinschaft, des Verständnisses und der Vergebung, anbieten. Gott ist ein Gott der Wiederherstellung, *„....und Gott sucht das Entschwundene wieder hervor“* (Prediger 3,15), und es gibt keine Sünde auf dieser Welt, die er nicht schon am Kreuz auf Golgatha auf sich genommen hat. Jesus hat Sie bereits freigekauft, und Sie werden ihn als Erlöser erleben, wenn Sie ihm nachfolgen.

In den folgenden Wochen versuchte ich, so viel wie möglich über diesen Prediger in Erfahrung zu bringen, doch das gelang nicht ganz mühelos. Da es in den Fernsehzeitschriften keine differenzierten Informationen zum Programm dieses Regionalsenders in den Morgenstunden gab, versuchte ich in den darauf folgenden Tagen und Wochen auf gut Glück, in den frühen Morgenstunden einen weiteren Beitrag dieses Predigers zu empfangen. Nach drei Wochen wurde mein beharrliches Suchen belohnt und eine weitere Predigt berührte mein Herz.

Diesmal hatte ich mich vorbereitet und nahm mir vor, die Sendung mit dem Videogerät aufzunehmen. Doch noch während ich begann, die Predigt aufzunehmen, ging das Gerät kaputt und meine Enttäuschung war groß. Also telefonierte ich in meinem Freundeskreis herum, erzählte von diesem hervorragenden Prediger und bat meine Freunde, mir eine der nächsten Folgen aufzuzeichnen. Das hatte Erfolg und ganz nebenbei zur Folge, dass einige meiner Freunde und Bekannten seitdem auch gerne diese Predigten anschauen.

Jetzt hatte ich Gelegenheit, mir in aller Ruhe die Videokassetten anzusehen, und ich entdeckte, dass im Abspann eine Berliner Kontaktadresse eingeblendet wurde. Endlich ein Ansatz, um mehr zu erfahren.

Ich mailte dem Pastor, bat um einen telefonischen Gesprächstermin und im darauf folgenden Gespräch fragte ich ihn, wo ich denn solch lebendige Predigten in Berlin hören könne, und er nannte mir eine Gemeinde ganz in meiner Nähe, in der ich seitdem geistlich zuhause bin.

Gottes Wege sind einfach so genial, da musste ich erst den kalifornischen Prediger Bayless Conley aus Los Angeles hören, der mit seiner Fernseharbeit mein Herz erreichte, um dann eine wunderbare Gemeinde zu finden, die nur eine Straße von meiner Wohnung entfernt liegt und an der ich fünf Jahre lang täglich vorbeigegangen war, ohne sie wahrzunehmen. Im Grunde genommen ein ziemlich großer Umweg für eine so nahe liegende Lösung. Doch es zeigt stellvertretend einfach auf, dass Jesus nahe ist, dass ihm kein Weg zu weit ist, und dass es Begrenzungen für Gott nicht gibt.

ER ist, egal wo wir leben und nach ihm suchen, immer nur ein Gebet weit von uns entfernt. Ich bin mir sicher, dass eine Vielzahl von betenden Menschen hinter dieser erfolgreichen Fernseharbeit stehen und dadurch verschlossene Herzen angerührt werden. Errettung ist ein übernatürlicher Akt, in dem der Heilige Geist den schlafenden Geist eines Menschen wach küsst und ihn mit hineinnimmt in diese spirituelle Wirklichkeit. In den Gebeten wohnt die Kraft eines Volkes, dadurch erst werden Durchbrüche möglich. Die Bibel sagt es in Matthäus 21,22: *„Und alles, was immer ihr im Gebet glaubend begehrt, werdet ihr empfangen."*

Wenn ich mir rückblickend den ganzen Werdegang meiner Bekehrung mit all den kleinen vorbereitenden Schritten betrachte, dann zeigt es mir, dass ich Gott wirklich vertrauen kann. Es steigt Dankbarkeit und Demut in mir auf, wenn ich heute zurückblicke. ER stand die ganze Zeit an meiner Seite und bereitete den Zeitpunkt meiner Bekehrung vor, ohne dass ich es hätte erahnen können. In Psalm 68,20 steht: „*Tag für Tag trägt er uns!*“ und heute weiß ich, dass das stimmt!

Wir müssen bereit werden,

uns von Gott

unterbrechen zu lassen.

Dietrich Bonhoeffer

Jedes Wort ist wichtig

Gleich nach meiner Bekehrung wurde mein Verlangen groß, mehr von Gottes Wort zu lesen und zu hören. Jede Woche erwartete ich sehnsüchtig den sonntäglichen Gottesdienst und saugte alles auf, was ich verstand. In meinem Inneren fühlte ich mich wie ein trockener Schwamm, der sich dürstend nach Gottes Wort ausstreckte. Im Psalm 42,2 lesen wir: *„Wie eine Hirschkuh lechzt nach Wasserbächen, so lechzt meine Seele nach dir, o Gott!“*

Ja, aus diesem Hunger heraus entging mir keine Predigt, sogar während das Wort gepredigt wurde, machte ich mir Notizen und eines Morgens sprach mich eine Textstelle ganz besonders an, denn durch mein persönliches Erleben war mir in meinem Inneren offenbart worden, wie diese Stelle gemeint ist.

In Matthäus 4,20 steht: *„Sie aber verließen sogleich die Netze und folgten ihm nach.“* Mein besonderes Augenmerk richtet sich hier auf das Wort „sogleich“. Im biblischen Zusammenhang ist das die Stelle, wo Jesus anfängt, sich in den öffentlichen Dienst zu stellen, eines Tages am See von Galiläa entlanggeht und dort auf die beiden Brüder Simon, genannt Petrus, und seinen Bruder Andreas stößt.

Die beiden gehen ihrer alltäglichen Arbeit als Fischer nach und werfen gerade ein Netz in das Wasser, als Jesus plötzlich vor ihnen steht und sie anspricht. Es hätte in der Bibel sicherlich eine Erwähnung gefunden, wenn die beiden Jesus schon von weitem hätten kommen sehen, aber so steht es nicht geschrieben. Jesus steht plötzlich und unerwartet vor ihnen, als er direkt in ihr Herz spricht und sie zu seinen Jüngern beruft.

Das erstaunliche Moment ist hier, dass „sogleich“ er sie gerufen hatte, sie ihre Netze verließen und ihm folgten. Hier muss in dieser Begegnung ein übernatürliches Ziehen des Heiligen Geistes stattgefunden haben, denn einer weltlichen Entscheidung gehen immer Entscheidungsprozesse, ein Abwägen der bevorstehenden Veränderung voran. Nicht so in der hier beschriebenen Situation. Von einer Sekunde auf die andere, nur ein einziger Satz lässt sie ihr altes Leben verlassen und ihm nachfolgen.

Der Morgen, als ich mich auf die Fernbedienung setzte und die Botschaft des Evangeliums in mein Herz fiel, war genauso unerwartet eingetreten wie die Situation für Simon und Andreas am See von Galiläa. Und ich erinnere mich noch genau, wie ich von meinem Sofa aufstand und wie ferngesteuert, ohne darüber nachzudenken, tief aus meinem Herzen heraus wusste, dass ich von nun an Jesus folgen würde. Das lebendige Eingreifen und Wirken Gottes ist heute noch genauso gegenwärtig wie seit Anbeginn der Schöpfungsgeschichte. Nachfolge und Jüngerschaft geht ein verändertes Herz voraus, in das der Same von Gottes Liebe gelegt wurde.

Gedanken zur Vertiefung

☺ Es ist Freude im Himmel, wenn wir umkehren, weil wir Gott erkannt haben, und uns entscheiden, dass das Leben von nun an nicht mehr um uns selbst kreisen soll, sondern Jesus Christus das Zentrum unserer Gedanken und Entscheidungen ist. Diese Freude, die im Himmel allen Anfang hat, wird auf unser Leben hinabströmen und erlebbar machen, was mit göttlichem Segen gemeint ist.

☺ Jesus Christus spricht in Lukas 15,7: *„Ich sage euch: So wird Freude im Himmel sein über* ***einen*** *Sünder, der Buße tut, (mehr) als über neunundneunzig Gerechte, die die Buße nicht nötig haben."*

Affirmation

Vertrauensvoll will ich Gottes Wegen folgen.

Das Herz hat Gründe,

die der Verstand nicht kennt.

Ein Chefsessel ganz besonderer Art

Mein Sohn wünschte sich zu seinem 16. Geburtstag einen Chefsessel aus schwarzem Leder für seinen Schreibtisch. „Also gut," dachte ich schmunzelnd, „ das Kind braucht einen Chefsessel, dann bekommt es eben einen Chefsessel." Wir fuhren los und durchforsteten die Möbelhäuser nach einem geeigneten Stück, doch schon nach kurzer Zeit waren wir von der Suche ziemlich erschöpft. In jeder Büromöbelabteilung ließen wir uns in die Ausstellungsstücke fallen, und es war mir nicht mehr möglich zu unterscheiden, welcher Sessel nun optimal ausgepolstert war und welcher nicht.

Wenn wir müde und hungrig nach Erholung sind, kann es schon leicht passieren, dass wir irgendein Billigprodukt oder Plagiat für ein Original bester Qualität halten, denn die Welt, in der wir leben ist voll von solchen Täuschungsversuchen.

Wir suchten also weiter, ließen uns von einem Sessel in den nächsten sinken, als ich mich plötzlich auf einem Sessel befand, der wie maßgeschneidert, wie angegossen meinen Körper umschloss. Ich wusste sofort, dass dieses Stück der Richtige war, und ich rief meinen Sohn hinzu. Er setzte sich hinein und sagte: „Wow, das ist er!"

Genauso ist es, wenn Sie in Ihrem Leben nach Gott suchen. Die Welt ist voll mit Plagiaten, die sich im ersten Moment und für eine gewisse Zeit täuschend echt anfühlen, doch nicht halten, was sie versprechen. Das Original heißt Jesus Christus, und wer einmal mit ihm an einem Tisch gesessen hat, wird diesen Platz nicht mehr verlassen wollen. Jesus lädt Sie ein, Gemeinschaft mit ihm zu haben, und an seinem Tisch steht ein Chefsessel für Sie bereit.

So spricht der Herr,
der Gott Israels:
„Schreibe dir alle Worte,
die ich zu dir geredet habe,
in ein Buch!"

Jeremia 30,2

Halte fest, was du hast,
damit niemand
deinen Siegeskranz nehme!

Offenbarung 3,11

Halte fest, was dir gehört – Das Gebetstagebuch

Gott ist da. In jedem Augenblick will er uns hören lassen, wie er sein Lob über unserem Leben ausspricht. Gott möchte uns gebrauchen auf wunderbare Art und Weise. Er liebt es, mit uns zu sprechen, sich in Zeichen und Gelegenheiten zu offenbaren und uns mit seinen Wundern zu beschenken. Doch Kommunikation liegt einem Gesetz zugrunde, das da heißt: Sender und Empfänger müssen aufeinander eingestellt sein, auf einer Frequenz liegen und jeder in seiner Aufgabe treu dem anderen zugewandt handeln.

Jesus ist mit Sicherheit der zuverlässigste Sender, dem wir uns hinwenden können, sein Wort die stärkste Botschaft. Und sein *Geben* an uns geschieht immer aus dem einzigen Motiv der Liebe heraus. So ist es ein kluger Schritt, sich zum Empfänger seiner Botschaft zu machen.

Nachdem ich mich zum Empfänger seines Wortes aussprach und im Gebet immer wieder seine Gegenwart, seine Antworten und Impulse suchte, kam es zu einer ganzen Aneinanderreihung von Begegnungen und Geschehnissen, einen Teil habe ich bereits in diesem Buch vorgestellt. Ich erinnere mich an ein Telefonat, das ich mit einer Freundin hielt und sie staunte unentwegt, was sich bei mir alles ereignete, seitdem ich dem Herrn nachfolgte.

Es wurde aber so viel mit der Zeit, dass ich nach und nach diese kostbaren Beweise seiner Existenz, seines Zuspruchs an mich wieder vergaß. Das wollte ich unbedingt verhindern und so fing ich an, ein Gebetstagebuch zu führen. Dort schrieb ich hinein, wann ich was betete und welche Reaktionen darauf folgten. Diese Form der Dokumentation ist eine sehr unterstützende Sache, denn je stärker unsere Beziehung zu Jesus wird, umso stärker werden auch die geistigen Anfechtungen, die uns aus der Herrlichkeit Gottes wieder herausreißen wollen. Der Feind kommt, indem er uns Gedanken des Zweifels schickt oder die Erinnerungen seiner köstlichen Gegenwart abschwächt.

Dort, wo vor ein paar Tagen noch begeisternde Gefühle für den Herrn waren, bleiben manchmal nur ein paar laue Regungen zurück. Das Gebetstagebuch soll Sie ermutigen daran festzuhalten, was Gott

Ihnen bereits gegeben hat, und wird Ihnen helfen sich zu erinnern, wie treu, liebend und kreativ unser Schöpfer ist. Hierin wird alles zu Papier gebracht, was Gott bereits freigesetzt und gewirkt hat. Sie können in Ihrem Gebetstagebuch auch eine Gebetsliste aufführen, Gebetsanliegen stichpunktartig vorformulieren und so täglich die noch nicht gelösten Themen vor den Herrn bringen, ohne Sorge tragen zu müssen, an entscheidenden Dingen nicht regelmäßig dran gewesen zu sein.

Eine Gebetsliste kann wie eine Einkaufsliste sein, eine Gedächtnisstütze, eine Hilfe, um geistliche Anliegen zu bebeten. Ihr Verlangen muss in Gebet umgesetzt werden, nur dann kann Gott in Ihrem Leben wirken. Beten heißt, dem lebendigen Gott, der in Jesus Christus ist, sein Herz auszuschütten. Es geschieht nichts ohne Gebet, erst wenn wir beten, geschehen Gottes „Zufälle". Aber achten Sie beim Beten auf die Wahl Ihrer Worte. Seien Sie sich bewusst, dass Sie durch den, der in Ihnen wohnt, die Autorität haben, die Dinge im Glauben in Existenz zu sprechen.

Das bedeutet, dass wir so beten sollen, als wären die Dinge bereits eingetreten. Danken Sie Gott für das, was er in der unsichtbaren Welt schon vorbereitet hat, beten Sie so, wie es in Markus 11,24 gesagt wird: *„Darum sage ich euch: Alles, um was ihr auch betet und bittet, glaubt, dass ihr es empfangen habt, und es wird euch werden."*

Wir müssen Gott für das Übernatürliche vertrauen, hier ist er der Spezialist. Gott sucht sich seine Wege auf ungewöhnliche Art und Weise, jeder Weg ist ein Original und eine Kostbarkeit. Ihr Gebetstagebuch kann ein Zeugnis dieser einzigartigen Beziehung sein und vielleicht auch eines Tages eine Ermutigung für andere Menschen, die noch ganz am Anfang ihres Weges mit Jesus Christus stehen.

In 5. Mose 4,9 sagt Gott: *„Nur hüte dich und dein Leben sehr, dass du die Dinge nicht vergisst, die deine Augen gesehen haben und lass sie nicht aus deinem Herzen schwinden alle Tage deines Lebens! Und tue sie deinen Kindern und deinen Kindeskindern kund."* Folgen wir doch einfach diesem guten Rat, denn hüten und bewahren, das ist ein köstlich Ding.

Schritte zur Vertiefung

Erstellen Sie eine Gebetsliste und formulieren Sie genau aus, was Sie vor den Herrn bringen wollen. Sie können revolutionäre Erfahrungen machen, wenn Sie Ihre Schwächen in aller Ehrlichkeit vor dem Herrn ausbreiten. Legen Sie ein Gebetstagebuch an und schreiben Sie täglich Ihre Eindrücke hinein.

Hörempfehlung

„Gott, du bist mein Gott" und „Psalm 19"
aus der CD „Nahe am Vaterherz",
Premium Collection, die schönsten Vineyard-Songs.

Herr, tue meine Lippen auf,

dass mein Mund dein Lob verkünde.

Psalm 51,17

Der vierte Schritt

Begehren – Erkennen – Ehren – Erleben

Schweigen ist Silber – Reden ist Gold

Intakten Beziehungen geht immer eine intakte Kommunikation voraus. Kommunikation dient der Verbindung und des Austausches, das kennt jeder aus seinem Alltag und spiegelt sich in den zwischenmenschlichen Beziehungen wider. Wie wichtig es ist, dass wir im rechten Augenblick das Wort ergreifen und in Kommunikation treten, zeigt Gott uns schon ganz in den Anfängen der Schöpfungsgeschichte.

Lassen Sie uns einmal zurückblicken in das 1. Buch Mose, Gott erschafft die Welt, jede Kreatur wird von ihm geformt, jede Pflanze lässt er aus der Erde wachsen und mitten hinein in dieses perfekt durchdachte Biotop erschafft er seinem Menschen auch noch eine Männin, damit er nicht alleine sei. In diesem ganzen Schöpfungsteil spricht Gott nie zu den Tieren, denn das Wort hat er allein den Menschen zugedacht, und Gott sendet hier durch Sprache an Adam und Eva.

Schon in dieser ersten Begegnung mit Gott symbolisieren sie hier den Empfängerstatus, den die Menschen in der Beziehung zu Gott haben sollen. Es ist das Wort, das Gott hier mit den Menschen verbindet, Gott spricht in die beiden hinein. Es ist kein Dialog zwischen Gott und diesen beiden ersten Menschen, hier wird nicht herumdiskutiert, nach Kompromissen oder anderen Lebensformen gesucht. Offenbar ist in der Erschaffung des Menschen nach Gottes Ebenbild eine Perfektion des Ganzen enthalten, eine Ordnung, die unsere Vorstellungskraft übersteigt.

Wir leben in einer gefallenen Welt, in der es viel Chaos und Unfrieden gibt, in der viele Menschen nicht mehr wissen, wie wichtig Gottes Liebe für sie in ihrem Leben ist. Allein schon bei dem Wort „Autorität“ entwickeln viele Menschen schlagartig eine Art pawlowschen Reflex, ergreifen die Flucht und als einer der ganz großen Irrtümer unserer Zeit zählt das heutige Verständnis von Selbstbestimmung. Selbstbestimmt im Labyrinth des Lebens auf der Suche nach

Glück in die nächste Sackgasse laufen, das ist die ernüchternde Bilanz. Wenn Sie Gott wieder Ihren Sender sein lassen, ihn als Autoritätsperson annehmen und sich zum Empfänger machen, werden Sie in Ihrem Leben Autorität ergreifen können, die stärker ist als die Lüge der Selbstbestimmung.

In meinem Auto habe ich ein Navigationssystem, und das ist für mich eine prima Sache, denn in der 4-Millionenstadt Berlin kann man sich schon schnell einmal verfahren (besonders ich!). Über den Satelliten im Weltraum werden mir die Koordinaten gegeben, damit ich direkt an mein Fahrtziel komme. Und selbst wenn ich die Fahrtenempfehlung einmal verlasse, führt mich der Navigator wieder auf meine sichere Strecke zurück. Der beste Augenblick ist aber dann, wenn aus den Lautsprechern eine freundliche Stimme erklingt und zu mir sagt: „Sie haben Ihr Ziel erreicht."

So soll es auch am Ende Ihres Lebens einmal über Ihrem Leben erklingen, wenn Sie dem himmlischen Vater ins Angesicht schauen. Lassen Sie doch Gott Ihr Satellit sein, er hat vom Himmel einen fantastischen Überblick auf Ihr Leben und wird Sie sicher an das Ziel bringen, wonach jeder Mensch strebt: ein gesundes, zufriedenes, in der Liebe gegründetes Leben zu führen, denn in der Tiefe unseres Herzens sind wir alle gleich. Allen Menschen wohnt das gleiche Bedürfnis inne, doch der Weg dorthin ist für jeden ganz einzigartig. Mit Gottes Hilfe, seiner in Ihnen wohnenden Autorität, die gleichzeitig Ihre Autorität ist, und seinem Wort, haben Sie den besten Reiseleiter an der Seite Ihrer Lebensreise.

Gottes Wille ist es, dass Sie herrschen in Ihrem Leben, doch dazu benötigen Sie Autorität. Herrschen Sie aber nicht über Menschen, auf gar keinen Fall über Menschen, sondern über Lebensumstände, Bedrängnisse und Not; kurzum über Kräfte und Mächte aus der unsichtbaren Welt, die an uns ziehen und zerren und uns verschlingen wollen. Wenn wir herrschen wollen, dann müssen wir über das herrschen, was uns kaputt machen will. Im 1. Petrus 5,8 steht: *„Seid nüchtern, wacht! Euer Widersacher, der Teufel, geht umher wie ein brüllender Löwe und sucht, wen er verschlingen kann."*

In dem Moment, in dem das Wort Gottes in uns einzieht, zieht Autorität in uns ein, bekommen wir einen geschärften Sinn für die

Wahrnehmung von Sünde und ihren verheerenden Folgen. In Sünde zu leben, heißt in der Lüge zu leben, denn wenn wir wissen, wer wir in Gott sind, welch kostbarer Diamant in seiner Hand, dann ist die Beziehung zu ihm viel stärker als jegliches Werben der Sünde um uns. Und so erlebt die Sünde einen Verlust ihrer Anziehungskraft und Attraktivität und ihre Täuschungsabsicht wird durch die Offenbarung des Wortes entblößt und entkräftet. Wenn wir zu dieser Erkenntnis heranwachsen, müssen wir die Sünde nicht mehr aus unserem Leben vertreiben, sie ergreift von allein die Flucht, denn nichts fürchtet sie mehr, als mit der Wahrheit konfrontiert zu sein.

Wo die Wahrheit die Lüge berührt, schließt sich der Himmel auf

Wo die Wahrheit die Lüge berührt, kommt es in der geistigen Welt zu einer Explosion. In so einem Moment werden Illusionen zerstört, wird Sünde enttarnt und die geistliche Sprengkraft führt uns zurück in die Arme unseres himmlischen Vaters, auf den Boden der Wahrheit. Diese Erkenntnis und Erfahrung ist ein manchmal kurzer, schmerzhafter, tränenreicher Schritt, aber sofort, praktisch im selben Moment, in dem wir uns bewusst entscheiden umzukehren, erleben wir, wie der Herr uns mit seiner Liebe überflutet und uns in den ersehnten Frieden hineinführt.

Das ist der Sieg, den wir Christen begehren und der uns zusteht: geborgen und geschützt in der Autorität Gottes der Sünde zu widerstehen, um gesunde und lebensbejahende Entscheidungen zu treffen. Das, was die Sünde am meisten fürchtet, ist ein Mensch, der die Wertzuweisung Gottes empfangen hat und in SEINER Liebe lebt! Sie flüchtet regelrecht vor einer Person, die sich unter Gottes Leitung stellt, eine äußerst wohlwollende und liebende Form von Führung. Einen angenehmeren und besseren Chef in Ihrem Leben werden Sie nicht finden! Wohin es aber führt, wenn wir uns von Gottes Autorität abwenden und selbstbestimmt handeln, zeigt uns die Bibel gleich zu Beginn.

Adam und Eva lebten im Garten Eden mit der ihnen zugesprochenen Verantwortung, ihren Lebensraum zu bebauen und zu bewahren. Doch ein Gebot stellte Gott ihrem selbstbestimmten Leben entgegen und das besagte, dass bei Gott die alleinige Vollmacht liege zu unterscheiden, was gut und was böse sei. Es war der Baum der Erkenntnis von dem Gott sprach, und dieser war im Paradies in der Mitte des Garten Edens angelegt (1. Mose 3,3).

Diese Positionierung findet hier eine besondere Erwähnung, und das natürlich nicht ohne Grund. Diese Platzierung stellt die Autorität Gottes mitten in ihren Lebensraum, als Zentrum ihrer Entscheidungen. Gott hätte ihn ja auch irgendwo am Rande, schlecht einsehbar, wachsen lassen können, ganz nach dem Motto: „Wenn ihr mal zufällig an meinem Baum der Erkenntnis steht, könntet ihr ja mal hören, was ich so als euer Gott für richtig und für falsch halte". Hat er aber nicht getan.

Erinnern wir uns daran, als am Anfang des Buches der Begriff Sünde erklärt wurde und dieser Begriff beim Bogenschießen den Bereich definiert, der außerhalb der Zielscheibe liegt. Auch hierbei geht es darum, die Mitte zu treffen und somit dem Zentrum der Wahrheit, nämlich Gottes Wort, nahe zu sein und der Sünde fern zu bleiben. Allem Anfang der Schöpfung wohnt also das Gebot inne, Gott als Zentrum und somit als Mittelpunkt unseres Lebens anzuerkennen.

Adam und Eva bekamen das Gebot, die Autorität Gottes für ihr Leben anzunehmen, doch ihr Gehorsam wurde auf die Probe gestellt, als die wunderschöne Schlange, die schlauer war als alle Tiere, sie in Versuchung brachte. Listig hinterfragte sie: „Hat Gott wirklich gesagt?". So schlich sie sich in die Gedanken Evas ein und geboren wurde damit der erste Zweifel, der wiederum zur Folge hatte, dass mental die Autorität Gottes hinterfragt und angegriffen wurde. Hier wird die taktierende Vorgehensweise von Sünde offenbar. Erst ist es die Versuchung, dann die Bedrängnis und dann die Lähmung von Kommunikation, die Adam und Eva zum Verhängnis wurde und in den geistlichen Tod führte.

Die Bibel erklärt uns, dass es Mächte und Kräfte in einer unsichtbaren Welt gibt, die wir als Feind benennen können. Sehr ähnlich gestaltet sich auch der Prozess, wenn der Feind es in der unsichtbaren Welt auf unsere kostbare Kreativität abgesehen hat. Es ist erst der Angriff auf die Kreativität, dann folgt die Lähmung und daraus der Tod. Das ist ein gefährliches Moment und auch heute arbeitet in der geistlichen Welt der Feind noch mit derselben Strategie, immer mit dem Ziel vor Augen, uns von Gott trennen zu wollen und somit von der Wahrheit und der Kraft des Lebens.

Die Lähmung der Kommunikation führt in den Tod

Die Lähmung der Kommunikation zwischen Adam und Eva bemächtigt den geistlichen Feind, sich eben nicht mit dem Wort gegen ihn stellen zu können und augenblicklich ist Eva autoritätslos, schutzlos und gibt sich der Sünde hin. So nimmt sie von dem Baum der Erkenntnis die Frucht und isst sie.

Hier stellt sich die Frage: „Wo ist Adam in diesem Moment und wie verhält er sich, als Eva der Versuchung gegenüber steht?" Die Bibel sagt im 1. Mose 3,6: „... *.und sie nahm von seiner Frucht und aß und sie gab auch ihrem Mann bei ihr, und er aß.*" Hier steht, dass Adam bei ihr stand, und das bedeutet, dass er mitbekam, wie die Schlange an Eva herantrat und sie in die Situation der Versuchung führte. Warum also ging Adam nicht mit seinem Wort dazwischen? Und wenn er sie nur weggezogen hätte, um zu sagen: „Komm, Eva, wir gehen jetzt Blumen pflücken!", aber Adam blieb stumm, er handelte nicht und er ergriff nicht das Wort.

Aus dieser Situation können wir heute vieles ableiten. Im Johannesevangelium steht gleich zu Anfang: *„Im Anfang war das Wort"*, denn das Wort soll auch unsere Waffe sein, wenn die Versuchung lockt. Das gesprochene Wort mit Glauben hat Kraft! Unser Leben hängt oft von nur einem einzigen Wort ab: Es ist der Alkoholiker, der erst ***ja*** zum Leben und ***nein*** zur Flasche sagen muss, bevor ein erfolgreicher Entzug durchgeführt werden kann. Wir treffen in unserem Leben eine unermessliche Vielzahl von unbewussten Entscheidungen, die unser Leben auf der Bewusstseinsebene oft ungewollt in die Hände des Feindes legt.

Umkehr führt in die Begegnung mit der Wahrheit

Als ich vor einigen Jahren ein Heilungsseminar besuchte, bekam ich dort zu Krebskranken Kontakt, die teilweise schon sehr zerstört von dieser Krankheit dorthin kamen. Jede dieser Personen wollte weiterleben und den Weg zurück in ein gesundes Leben finden.

Gott selbst beantwortet Irrtümer mit dem Wunsch, uns zu heilen. Heilung zeigte sich hier an einem Weg auf, der die Beseitigung all dessen ist, was der Erkenntnis im Weg steht. Erkenntnis bedeutet zu erkennen, wer ich in Jesus Christus bin.

Der erste Schritt in die Umkehr ist die Begegnung mit der Wahrheit. Die Wahrheit zu erkennen heißt zu erkennen, wer Sie in Gott sind, Ihre Identität in Gott anzunehmen, Ihren Wert vor Gott zu erkennen und sich mit der größten Kraft aller Kräfte wieder zu vereinen, der Liebe Gottes zu Ihnen.

Der zweite Schritt beinhaltete, dass eine Vielzahl der Teilnehmer es schafften in ihre Ehrlichkeit zurückzufinden, und da konnten sie entdecken, dass es in ihrem Leben eine Stunde X gab, in der sie sich entschlossen hatten, sich vom Leben zu trennen, ausgelöst durch eine Situation, eine Verletzung, ein Trauma, eine Ablehnung oder eine Angst.

Der Qualität unseres Lebens gehen Entscheidungen voraus. Wir sind zu einem erheblichen Anteil mitverantwortlich an der Qualität unseres Lebens, es sind unsere Gedanken, unsere Worte, unsere Gefühle, unser Geist, unser Handeln, unser Unterbewusstsein, die die Weichen für die Zukunft stellen. Schauen Sie, worauf Ihr Leben gegründet ist, woraus bestehen Ihre Wurzeln? Und welche Früchte, meinen Sie, werden daraus einmal erwachsen?

Im Anfang steht das Wort, es ist unser Schwert, mit dem wir die Schneise schlagen durch die uns entgegenstehenden geistlichen Widerstände, es ist unsere Zunge, die das Ruder unseres Lebens ist. Das von uns ausgesprochene Wort bestimmt unser Leben, es ist das kraftvollste Werkzeug, das Gott uns gegeben hat.

Doch Adam setzt es nicht ein, er bleibt stumm und gibt der Sünde damit widerstandslos Raum. Jakobus 3, 3-5: *„Wenn wir aber den Pferden die Zäume in die Mäuler legen, damit sie uns ge-*

horchen, lenken wir auch ihren ganzen Leib. Siehe, auch die Schiffe, die so groß und von heftigen Winden getrieben sind, werden durch ein sehr kleines Steuerruder gelenkt, wohin das Trachten des Steuermannes will. So ist auch die Zunge ein kleines Glied und rühmt sich großer Dinge. Siehe welch kleines Feuer, welch einen großen Wald zündet es an!"

Wir leben in einer gefallenen Welt, in der die Sünde die Wahrheit räubert und die Bedeutung der Sprache, jedes einzelnen Wortes leer und bedeutungslos werden kann. Gott ist ein Gott der Entscheidungen, vor ihm soll ein Ja ein Ja sein, und ein Nein ein Nein. Wenn Gottes Wort die Kraft des Lebens ist, dann berauben Kompromisse uns unserer Lebenskraft. Gott möchte, dass wir das Wort einsetzen, damit wir über das Wort ins Handeln kommen und durch das Wirken seines Wortes seine Herrlichkeit offenbar wird.

Ein gesprochenes Wort ist wie ein Vertrag, es fordert uns auf in Übereinstimmung zu bleiben, es ist verbindlich; ja, das Wort bindet, es zeigt an, hier gehört etwas zusammen. Ein widersprüchliches Verhalten trennt uns aus der Übereinstimmung mit Gott und beraubt uns der Lebenskraft. Das gesprochene Wort und das dazugehörige Handeln ermächtigen uns, Frucht in das Leben hineinzurufen und bahnbrechende neue Erfahrungen zu machen. Wenn Gott in unser Herz hineinspricht, dann ist es unmöglich, diesem Ruf nicht zu folgen, dann folgen entschlossene, kühne Schritte.

In der Welt hören wir oft „Reden ist Silber, Schweigen ist Gold", doch in der geistlichen Welt, wenn wir unsere Augen auf seinen Thron richten, spricht Gott zu uns: „Schweigen ist Silber, Reden ist Gold". Seien Sie nicht wie Adam, der schweigend und passiv neben Eva steht und sich von der Sünde widerstandslos einnehmen lässt. Nehmen Sie das Wort Gottes in den Mund, machen Sie davon Gebrauch. Wenn es Situationen in Ihrem Leben gibt, in denen Sie wissen, dass Sie eingreifen sollen, wenn Sie die Schlange sehen und ihre trügerischen Absichten, dann ergreifen Sie das Wort.

Trennung von Gott ist möglich durch die Folge eines gesprochenen Wortes, das gegen Gott gerichtet ist, oder durch eine stumme, passive, gelähmte Haltung, wie Adam sie hier zeigt. Die Sünde findet keinen Platz in Ihrem Leben, wenn Sie sich mit einem klaren „ja“ zu Gott bekennen, Einheit mit Gott deklarieren, denn Gott sagt: *„Im Anfang ist das Wort“.* Gottes Reich tut sich auf, wenn Sie mit Ihrem Wort die Schlange vertreiben, der Sünde keinen Raum geben und die Vollmacht ergreifen, die Gott Ihnen über sein Wort zugedacht hat.

Gedanken zur Vertiefung

Adam und Eva bekamen von Gott die Verantwortung übertragen, ihren Lebensraum zu bebauen und zu bewahren, ebenso Gottes Gegenwart und Autorität zu achten, indem er Ihnen den Baum der Erkenntnis zum Mittelpunkt ihres Lebens machte und somit zum zentralen Thema.

☺ Betrachten Sie nun Ihre Lebenssituation, schauen Sie sich um, in Ihrer Wohnung, in Ihrem Haus, in Ihrer Familie, in Ihrem Freundes- und Bekanntenkreis, an Ihrem Arbeitsplatz, in Ihrem Herzen, Ihrem ganzen Leben. Gibt es dort einen Platz für Gott?

☺ Haben Sie IHN zum Mittelpunkt gemacht, damit sein Segen in Ihr Leben fließen kann?

☺ Was möchten Sie verändern?

Affirmation

„Denn bei dir ist der Quell des Lebens; in deinem Licht sehe ich das Licht“ (Psalm 36,10).

Alle Finsternis der Welt
ist nicht imstande,

das Licht auch nur
einer einzigen Kerze
auszulöschen.

Guy de Larigandi

Die Rüstung des friedvollen Kriegers

Als Kind liebte ich es zu kämpfen. Ich erinnere mich, wie ich einmal ein Schwert aus Plastik geschenkt bekam, mit funkelnden Glassteinen beklebt. Voller Tatendrang gürtete ich es mir um den Leib und begann siegreich gegen meine imaginären Gegner im Kinderzimmer zu kämpfen.

Um siegreich kämpfen zu können, brauchen wir ein starkes Schwert, eine gute Rüstung, Geschicklichkeit, Training, und eine Strategie, die die Pläne des Feindes zerstört. Gott zeigt uns im Neuen Testament in Epheser 6,10-20 wie wir siegreich gegen die Attacken des Feindes vorgehen können und welche Rüstung uns Jesus dafür gibt.

Doch zuerst wollen wir uns genauer betrachten, gegen wen wir überhaupt aufrüsten und vor allem warum. In Epheser 6, 12 steht: *„Denn unser Kampf ist nicht gegen Fleisch und Blut, sondern gegen die Gewalten, gegen die Mächte, gegen die Weltbeherrscher dieser Finsternis, gegen die geistigen (Mächte) der Bosheit in der Himmelswelt.“*

Es geht darum, sich stark gegen alle Umstände zu stellen, gegen alles, was uns angreift, beraubt, schwächt, erniedrigt (nicht zu verwechseln mit Demütigung), zerstört, verletzt, hemmt und isoliert. Die häufigsten Formen manifestierter Störungen der Psyche des Menschen sind Depressionen, Essstörungen, verschiedenste Angst- und Zwangsstörungen, Schwächezustände, Minderwertigkeitsgefühle, Antriebslosigkeit, Albträume, Menschenfurcht, Schlafstörungen, Lebenshaltungen des sich abgelehnt Fühlens, jegliche Formen von Sucht, wie z. B. Alkohol- und Tablettensucht, Arbeitssucht, u.v.m.

Die Bibel spricht zu diesen Themen ein ganz klares Wort. Hier erfahren wir, dass Gott ein Gott der Wiederherstellung ist, der Heilung bringt, der stärker ist als jedes Problem, das uns quält. Denken Sie immer daran, dass Sie mit Jesus Christus die stärkste Instanz des Lebens an Ihrer Seite haben und er zur Verdeutlichung seiner Macht den Tod überwunden hat und für Sie am dritten Tag wiederauferstanden ist.

Er hat die Sünden der Welt, auch Ihre Sünden, auf sich genommen und mit seinem Blut am Kreuz für uns gesühnt. Das beinhaltet, dass Ihnen Ihre Sünde vergeben ist, wenn Sie mit Gott ein neues Leben beginnen und umkehren zu ihm. Unser altes Leben, der alte Mensch ist tot, wenn wir uns mit Christus in Tod und Auferstehung vereinen; so sagt uns Paulus im Römerbrief 6,4: *„So sind wir nun mit ihm begraben worden durch die Taufe in den Tod, damit, wie Christus aus den Toten auferweckt worden ist durch die Herrlichkeit des Vaters, so auch wir in Neuheit des Lebens wandeln."*

Es geht beim Christsein im Zentralen darum, dass wir in die Erfahrung treten, dass wir in Neuheit des Lebens wandeln. Das ist Gnade, das ist geschenkte Freiheit, *„denn wer gestorben ist, ist freigesprochen von der Sünde"*. Gott hat uns ein wunderbares Fundament gebaut und mit dem Neuen Testament, in dem steht, dass Jesus Christus uns zum Vater führt, können Sie das Erbe antreten, das Sie in die Herrlichkeit Gottes hinein trägt. Wenn diese Wahrheit in Ihnen lebendig wird, kommen große Veränderungen in Ihrem Leben auf Sie zu.

Aktivierter Glaube bringt Schritte in der sichtbaren Welt hervor, die bezeugen werden, dass Jesus Christus der Erlöser in Ihrem Leben ist. Betrachten wir einmal den Begriff „all inclusive" aus der Touristikbranche. Er beinhaltet die vollständige Versorgung und auch Gott stattet uns mit diesem „All-inclusive-Status" aus. Wir haben diese Eintrittskarte in die Hand bekommen, um damit in sein Reich einzutreten. Und selbst wenn es in unserer Seele einmal stürmt und die Sonne hinter den Wolken verborgen ist, hat Jesus uns ausgerüstet mit der Waffenrüstung Gottes, die uns die Vollmacht gibt, den Himmel über uns aufzureißen, die Wolken zu vertreiben und die finsteren Mächte und Gewalten der Himmelswelt zu besiegen.

Doch Gott muss für uns real sein, sonst wird der Feind nicht fliehen. Ohne Kampf kein Sieg, und so lesen wir jetzt in Epheser 6,11-17, die Waffenrüstung des Kämpfers:

„Zieht die ganze Waffenrüstung Gottes an, damit ihr gegen die Listen des Teufels bestehen könnt! Denn unser Kampf ist nicht gegen Fleisch und Blut, sondern gegen die Gewalten, gegen die Weltbeherr-

scher dieser Finsternis, gegen die geistigen Mächte der Bosheit in der Himmelswelt.

Deshalb ergreift die ganze Waffenrüstung Gottes, damit ihr an dem bösen Tag widerstehen und, wenn ihr alles ausgerichtet habt, stehen bleiben könnt!

So steht nun eure Lenden umgürtet mit Wahrheit, bekleidet mit dem Brustpanzer der Gerechtigkeit und beschuht an den Füßen mit der Bereitschaft (zur Verkündigung) des Evangeliums des Friedens! Bei alledem ergreift den Schild des Glaubens, mit dem ihr alle feurigen Pfeile des Bösen auslöschen könnt! Nehmt auch den Helm des Heils und das Schwert des Geistes, das ist Gottes Wort!"

Das ist ein gewaltiger Appell, den Paulus hier im Namen Jesus proklamiert, und er hat es nicht einfach mit einem Satz abgetan. Er wusste von der Größe, Macht und List seiner geistlichen Gegner, entsprechend rüstet er den Gläubigen aus, um an der geistlichen Front befreiend voranzuschreiten, immer mit dem Ziel, den Frieden und die Liebe Jesus zu bewahren, zu verbreiten und die Kraft Gottes in die Welt zu bringen. Die Waffenrüstung ist ein Lebensstil, dessen Zentrum Gottes Wort ist, worin der friedvolle Krieger mit jedem Schritt im Glauben wandelt, immer demütig dem Vaterherz Gottes zugeneigt.

Bei so viel Nähe ist kein Platz für störende Angriffsversuche des Gegners, hier ist der Schutz des liebenden Vaters garantiert und das Einzige, was wir als Gläubige tun müssen, ist, uns unter seine schützende Hand zu stellen. Unter diesem schützenden Schirm werden friedvolle Krieger geboren, genährt, aufgezogen, erzogen, gelehrt und wenn sie stark genug sind, ist es ihr Herzenswunsch, die Schuhe der Bereitschaft anzuziehen und das Evangelium von Jesus Christus in der Welt zu verkünden.

Wir leben in einer Zeit, in der Christen wahre Heldenqualitäten entwickeln müssen, um in einer gefallenen Welt siegreich das Wort des Herrn hochzuhalten, doch wenn die Liebe Jesu erst einmal Ihr Herz entflammt hat, kleidet Jesus Sie wie von selbst mit seiner Heldengarnitur ein. ER verwandelt Schwachheit in Stärke, Verhärtung in Weichheit und Traurigkeit in Freude. Ihr Leben wird fortan ein Zeugnis seiner grenzenlosen Liebe und Stärke sein.

Gedanken zur Vertiefung

Fragen Sie doch Gott:

☺ Was ist Dein Wille, was ich heute tun soll?
☺ Wohin möchtest Du, dass ich gehe?
☺ Gibt es etwas, was ich zu einer bestimmten Person sagen soll?

Wenn Sie Antworten vernehmen, handeln Sie und halten Sie diese in Ihrem Gebetstagebuch schriftlich fest.

Schritte zur Vertiefung

Setzen Sie den Psalm 61,5 zeichnerisch um und erweitern Sie ihn malerisch mit Ihrer persönlichen Lebenssituation. Genießen Sie diese Zeit mit Gott.

Hörempfehlung:

♪ „Der Allmächtige regiert“ aus der CD „Nahe am Vaterherz“, Premium Collection.

Affirmation

„Ich möchte weilen in deinem Zelt in Ewigkeit, mich bergen im Schutz deiner Flügel“ (Psalm 61:5).

Wer ist wie der Herr, unser Gott,
der hoch oben thront,
der in die Tiefe schaut –
im Himmel und auf Erden ?

Psalm 113,5-6

Wenn Gott nachgeht

Es war drei Tage vor Heiligabend. Ich betrat die U-Bahn am Kurfürstendamm, vollbepackt mit etlichen Weihnachtsgeschenken, die ich stundenlang eingekauft hatte. Beladen mit den vielen Tüten und Paketen ließ ich mich erschöpft auf den letzten freien Sitzplatz des U-Bahn-Waggons fallen und bemühte mich außerordentlich, nicht ständig von allen Seiten angerempelt zu werden. „Geschafft", dachte ich und sehnte mich nun nach meinem Sofa und einer heißen Tasse Tee. Mit erschöpftem Blick starrte ich an den Menschen vorbei gegen die Innenwand der U-Bahn Kabine.

Mein Blick richtete sich leicht nach links und so bemerkte ich, dass ich mich neben einen jungen Mann gesetzt hatte, der offensichtlich arabischer Herkunft war. Er las versunken in einem Buch und mit einem flüchtigen Blick konnte ich die arabischen Schriftzeichen erkennen. Das Gedränge und Geschiebe, die verbrauchte Luft und die beschlagenen Fensterscheiben schienen ihn nicht zu stören, und ohne unhöflich sein zu wollen, ließ ich mich von meiner Neugier leiten und blickte in seine Seiten. Die arabischen Worte waren absatzweise ins Deutsche übersetzt, und so erhaschte ich folgenden Satz: „Wenn JESUS dir in dein Herz spricht, ist es dir unmöglich, ihm nicht zu gehorchen. Lies hierzu Matthäus 4,19: *„Und er spricht zu ihnen: Kommt, mir nach! Und ich werde euch zu Menschenfischern machen.*"

Ich war völlig perplex. Da waren bestimmt an die vierhundert Menschen in der U-Bahn, und ich setzte mich ausgerechnet neben einen bekehrten Moslem, der zu diesem Zeitpunkt in diesem Buch genau diese Textstelle las, die ja schon einmal mein besonderes Interesse geweckt hatte. Zur Erinnerung: In dem Kapitel „Jedes Wort ist wichtig" bekam die Textstelle Matthäus 4,20 eine besondere Bedeutung für mich. Mein Herz jubelte, als ich erkannte, dass Gott hier in diesem U-Bahn-Waggon wirkte, dass selbst der größte Weihnachtstrubel, die stärkste Rush Hour keine Hürde für ihn bedeutete. Er bleibt an uns dran, wenn wir die Beziehung zu ihm erst einmal aufgenommen haben, mit seiner Kraft ist er allgegenwärtig. Oft wählt Gott geheimnisvolle Wege, um seine Wunder zu vollbringen. Er zeigt sein Interesse an uns und gibt sich zu erkennen. Wenn Gott Ihnen nachgeht, dann folgt er Ihnen überall hin, selbst unter die Erde in einen dunklen U-Bahn-Schacht!

Wer seine Seele zu lange hungern lässt,

der stirbt von innen.

Nicole Bernard

Ein Übergewicht, das frei macht

Wie viel Jesus braucht der Mensch? Wie viel Jesus brauchen Sie? Ich brauche Jesus jeden Tag neu, und die Wahrheit ist, dass ich immer mehr brauche, als ich meine zu brauchen. Wenn Sie Gott begrenzen, begrenzen Sie sich selbst. Wenn Sie sich selbst begrenzen, begrenzen Sie Gottes Wirken in Ihnen. Deshalb ist eine vertrauensvolle Beziehung zu Gott so wichtig, damit wir unser Herz für ihn öffnen und seine Fülle in unser Leben hineinfließen kann.

Am Ende einer Veranstaltung in meiner Gemeinde ging der Pastor einmal durch die Reihen und betete laut für jeden Teilnehmer. Als er bei mir ankam, legte er seine Hände auf meine Schultern, schloss die Augen und betete für mich: „Ja Herr, gib ihr mehr von dir, auch wenn sie manchmal denkt, es sei schon fast zu viel, was Du ihr gibst, auch wenn sie manchmal meint, es sei genug. Herr, sie braucht noch sehr viel mehr von Dir, und darum komm!“

Das überraschte mich ziemlich, denn erstens wunderte es mich, dass der Pastor etwas für mich betete, was ganz konkret auf mich zutraf, obwohl er mich persönlich gar nicht kannte, und zweitens verstand ich nicht, warum ich denn bitte schön nach mehr verlangen sollte, obwohl meine Bedürfnisse gestillt, ja fast schon überreizt zu sein schienen. Mein Vertrauen in diesen Pastor war aber stärker als mein Unverständnis und so beschloss ich, mit einer offenen Herzenshaltung an diesem Wort dranzubleiben.

Warum also rief der Pastor mehr von Gottes Liebe, mehr von seiner Gegenwart, mehr von seinem Geist und seiner Wahrheit in mein Leben hinein? Weil es immer eine Lüge ist, wenn wir glauben, dass Begrenzungen ein gesundes Maß von Gottes Anteil in unserem Leben sind. Gott selbst ist grenzenlos und die Liebe, die Jesus zu den Menschen hat, ist grenzenlos, ausgedrückt durch seinen Tod am Kreuz. Mit seinem Tod am Kreuz und seinem Blut nahm er die Sünde und die Schuld jedes Menschen auf sich und erkaufte uns damit unsere Freiheit, die wir als neugeborener Christ jetzt empfangen dürfen. Ebenso steht es in Titus 2,14: *„Jesus Christus erlöste uns von aller Ungerechtigkeit und reinigte sich selbst ein Volk zum Eigentum, das eifrig wäre zu guten Werken.“*

Jesus ist mit seiner Auferstehungskraft stärker als der Tod und stärker als jedes Problem, und wenn Sie ein Überwinder sein wollen, dann nehmen Sie ein übernatürliches Maß seiner großen Liebe an und sagen immer, wenn Sie meinen, es reicht: „Herr gib mir mehr als ich begreifen kann, gib mir mehr als ich suche, denn meine Begrenzungen sollen nicht deine Begrenzungen für mein Leben sein."

Das Motiv für das Handeln des Jesus Christus ist seine Liebe zu Ihnen, seine Liebe bringt einen Zustand des Friedens in Ihr Leben, der den Weg für Wunder ebnet. Gottes Gnade geschieht aus einer Friedenshaltung, die er zu seinen Kindern hat, und das ist bestimmt eine der stärksten Botschaften, die wir der Bibel entnehmen können. Wie wir in diesen Frieden eintreten können, macht Jesus uns vor. Doch als Erstes sind wir aufgefordert, ein übernatürliches Maß seiner Gegenwart in unser Leben hineinzurufen, den Wunsch in uns aufzunehmen, dass ER in unser Leben kommt und uns formt.

Um das zu verdeutlichen, visualisieren Sie nun folgendes Bild: Stellen Sie sich vor, wie Ihr Leben bildlich durch eine Waagschale dargestellt wird. Sie kennen doch sicherlich noch diese alten Messingwaagen aus den Tante Emma Läden? Zwei leere Waagschalen hängen nebeneinander im Gleichgewicht an Ketten. Und jetzt stellen Sie sich einmal auf die linke Waagschale. Sie betreten also diese Waagschale mit allem, was Sie sind, mit Ihrem ganzen Leben, Ihrer ganzen Vergangenheit, mit all den ungelösten Konflikten, den nicht erfüllten Sehnsüchten, einfach mit allem, was Sie schon lange auf Ihren Schultern und in Ihrem Herzen mit sich herumschleppen. Das nehmen Sie jetzt mit auf diese Waagschale und in dem Moment, wo Sie diese betreten, senkt sich durch das Gewicht erst einmal diese linke Schale.

Und dann nehmen Sie Jesus auf die andere Waagschale. Erst rufen Sie ihn nur ein bisschen hinzu, so wie das jeder tut, der neu mit dem Herrn geht. Doch mit der Zeit nehmen Sie mehr und mehr von ihm, Sie rufen ihn immer mehr in Ihr Leben hinein, was bedeutet, dass Sie mehr Zeit mit ihm verbringen und Ihr Herz eine Herberge für sein Wort und seinen Geist wird. Nun werden Sie entdecken, wie die rechte Waagschale langsam schwerer wird und sich allmählich zu senken beginnt. Jesus bekommt also mit seinem Wort und seiner Wahrheit ein immer größeres Gewicht in Ihrem Leben, gemäß den Worten aus dem Johannesevangelium 3,30: *„Er muss wachsen, ich aber abnehmen."*

Und dann kommt der Tag, an dem sich die Verhältnismäßigkeit zwischen den beiden Schalen komplett verändert. Dann kippt die rechte Waagschale nach unten, dadurch dass Sie Jesus mehr und mehr Raum, mehr Bedeutung in Ihrem Leben zugesprochen haben. Das hat zur Folge, dass die linke Schale nach oben steigt und Sie mit allem, was Sie mitbringen, leichter sind als das, was Jesus entgegenzusetzen hat. Schauen Sie genau hin: Wenn Sie Jesus mehr Gewicht in Ihrem Leben geben, wird er Sie erheben und Sie frei machen.

Gedanken zur Vertiefung

☺ Lassen Sie sich förmlich von der Vorstellung durchströmen, wie Jesus in Ihr Leben kommt und es verändert. Wie er Sie liebt, verändert und formt. Sie liegen nie falsch, wenn Sie in Liebe leben. Stellen Sie sich vor, wie dieser neue Mensch in Christus für Gott bereits besteht.

☺ Ich bin auf dem richtigen Weg, weil ich dankbar Gottes Liebe für mich in meinem Herzen aufnehme.

Affirmation

Jesus, ich danke dir dafür, dass du in mein Leben kommst und mich formst.

Manchmal singen wir in meiner Gemeinde ein wunderschönes Lied, welches vom Text her wie folgt lautet: „Immer mehr von Dir, immer mehr, immer mehr sein wie Du, immer mehr; immer mehr Deine Worte verstehen, immer mehr von Dir, immer mehr!"

Es ist das Anliegen dieses Buches, dass Sie überführt werden, mehr und mehr von diesem Hunger nach Gott in Ihrem Leben auszurufen, damit Jesus sich ganz und gar in Ihnen einrichten kann, und dann sollen Sie erleben, wie sich die Waagschale Ihres Lebens nach oben erhebt und Sie auch sagen können: „Ja, Jesus, wenn du Übergewicht in meinem Leben hast, dann erhebst du mich, und das ist ein Übergewicht, zu dem ich gerne ja sage, weil es mich dem Himmel auf Erden näher bringt und wirklich frei macht!"

Ein guter Baum kann
nicht schlechte Früchte bringen,
noch kann ein fauler Baum
gute Früchte bringen.

Matthäus 7,8

Gesunde Früchte wachsen aus einer gesunden Wurzel

Wie wir doch alle mit der gleichen Motivation durch das Leben gehen, Erfolge feiern zu wollen, beliebt zu sein, Wachstum und Entwicklung zu erleben, manchmal auch von dem Wunsch berührt, über unsere eigenen Fähigkeiten hinauszuwachsen. In der Tiefe unseres Herzens eifern wir nach der Liebe, bewerben sie, damit sie in uns einziehen möge.

Wer das Leben abstrakt betrachtet, kann es vergleichen mit einem Baum. Das Sichtbare, das Bewusste, stellt sich als der Stamm mit seinen vielen Ästen, Blättern, Zweigen, Blüten und Früchten da. Das Unbewusste, das Unsichtbare, befindet sich unter der Erde in einem weitverzweigten Labyrinth von Wurzeln. Bewusstes und Unbewusstes, Sichtbares und Unsichtbares bilden gemeinsam eine Einheit. Die Wurzeln geben dem Baum Stabilität und sind die Versorgungskanäle. Keiner der Bereiche kann ohne den anderen leben.

Zu einem erfüllten Leben gehören Lebensqualitäten wie Nahrung, Lebenskraft, Kommunikation, Wachstum, Ordnung, Schutz, Dynamik, Fruchtbarkeit, Freiheit, Reinheit, Frieden, Perspektiven, Fortschritt, Schönheit, Hingabe, Weisheit, Weite, Liebe, Wandlung und Heilung, Kreativität, Freude, u.v.m. Nur wenige Menschen begehren diese Eigenschaften für ihr Leben nicht. Die meisten strecken sich nach ihnen aus, begehren das dem Lichte sich entgegenstreckende, ernennen es zur Ziellinie für ihr Leben und unternehmen Anstrengungen, versuchen sich mit Entscheidungen, überfordern sich mit produktiven Aufgaben, um in diesen Bereich der Fülle hineintreten zu können.

Bei all dem Attraktiven, was sich da als so begehrenswert vor uns aufbaut, dürfen wir aber die Symbiose von Wurzeln und Krone nicht außer Acht lassen. In der Wurzel wohnt aller Anfang inne, hier sitzt die unbewusste Steuerungszentrale für Entscheidungen, Versorgung, Meinungen und Gefühle. Wenn sich in diesem komplexen System Schädigungen, Verunreinigungen, Blockierungen befinden, geistlich gesehen durch Folge von Sünde, wirkt sich dieses unweigerlich auf den bewussten Bereich des Lebens aus, beeinflusst den Lebenskreislauf, schwächt das Wachstum, und eine Unterversorgung der

Zweige und Blätter wird sichtbar und der Betrachter kommt der Erkenntnis nahe, dass der Baum so sicher nicht seiner Bestimmung dienen kann.

Gedanken zur Vertiefung

☺ Lesen Sie Lukas 6, 43-45.

Wir benötigen Hilfe um der Mensch zu werden, den Gott bereits in uns sieht

Es gibt einen Schöpfungsplan, in dem jeder Baum den ihm zugedachten Platz einnehmen soll, doch der Schöpfungsplan erfüllt sich nicht ohne den Schöpfer. Auf der Suche nach dem richtigen Platz und der eigenen Identität wählen viele Menschen in der heutigen Zeit den modernen Weg der Selbstverwirklichung, ohne sich hieraus aber selbst verwirklichen zu können. Sie wenden eine Vielzahl von Ritualen und Techniken an, um damit die erkrankten Wurzeln ihres Lebensbaumes zu heilen. Dabei liegt die Lösung nicht in der Selbstverwirklichung, sondern in dem Gerechtsein vor Gott.

Es wird der Tag kommen, an dem sich der Himmel über jedem Suchenden öffnet und Ströme des lebendigen Wassers seinen Lebensbaum reinwaschen werden. Wer sich von Gottes liebendem Geist reinwaschen lässt, wird sein *„... wie ein Baum gepflanzt an Wasserbächen, der seine Frucht bringt zu seiner Zeit, und dessen Laub nicht verwelkt; alles, was er tut, gelingt ihm“* (Psalm 1,3).

Es gibt keinen Menschen auf dieser Welt, der aus sich selbst heraus vollkommen rein sein kann, kein Leben, das aus sich selbst heraus heil ist. Alle Menschen sind Sünder und Jesus selbst machte sich zur Sünde für uns. *„Den, der Sünde nicht kannte, hat er für uns zur Sünde gemacht, damit wir Gottes Gerechtigkeit würden in ihm“* (2. Korinther 5,21).

Wir benötigen Hilfe, um der zu werden, der wir in Gottes Augen bereits sind. Dafür kam Jesus auf diese Welt, um die Welt zu erretten. Er ist der Helfer in der Not, er schenkt das Wasser des Lebens; wo er

ausgießt reicht es bis in die Wurzeln und darüber hinaus, sein Wasser wäscht rein und es schmeckt köstlich.
Jesus selbst ist die Wurzel des Lebens. Gott hat bereits alles für uns bereitgestellt, ja, er ist ein göttliches Geschenk und mit seinem Heiligen Geist flüstert er uns zu: *„...und wen dürstet der komme! Wer da will, nehme das Wasser des Lebens umsonst!“* (Offenbarung 22,17).

Gedanken zur Vertiefung

Wir haben allen Grund zur Freude. Wenn wir die Bibel gelesen haben, dann wissen wir, wer wir in Gott sind. Dann wissen Sie, dass Gott Sie liebt, dass er Sie gewollt und geplant hat und dass es einen Plan für Ihr Leben gibt. Für Gott sind Sie keine B-Ware, keine 2. Wahl, keine 2. Klasse und kein Kompromiss.

Für Gott sind Sie seine Nr. 1, sein bestes Stück, sein geliebtes Kind. Gott ist so begeistert von Ihnen, dass er bereit war, alles für Sie zu geben.

☺ Lesen Sie hier Johannes 3,16. Wir haben wirklich allen Grund zur Freude.

☺ Lesen Sie auch Jesaja 55,1-3.

Es ist nicht auszudenken,
was Gott aus den
Bruchstücken unseres Lebens
machen kann,
wenn wir sie ihm ganz überlassen.

Blaise Pascal

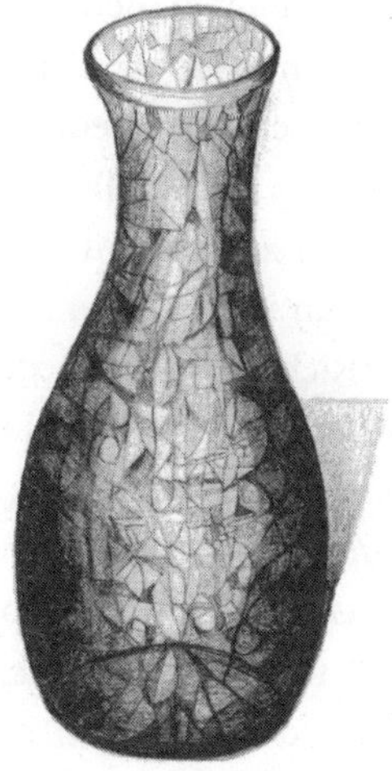

Der fünfte Schritt

Bauen auf heiligem Fundament

Wenn wir geboren werden, gleicht unser Leben einem Buch mit leeren Seiten. Doch schon in der ersten Stunde unseres Lebens beginnen wir erste Erfahrungen zu machen, die in unserem Lebensbuch eingetragen sind. Jede auch noch so kleine Erfahrung wird im Gedächtnis aufgenommen und registriert.

Unser Gehirn gleicht der Festplatte eines Computers und es gibt keinen Eindruck, keine Erfahrung in Ihrem Leben, die dort nicht abgespeichert ist. Schon die Stunde der Geburt ist voll von ersten Empfindungen: Waren es warme oder kalte Hände, die Sie berührten? War es laut und hell oder wurden Sie in einer geborgenen Atmosphäre geboren? Es gab erste Gerüche, Berührungen und Geräusche. Alles was Sie in Ihrem Leben an Eindrücken aufgenommen haben, ist ein Teil von Ihnen, hat Sie geprägt und das macht Sie einzigartig. Es gibt auf dieser großen Welt nicht einen Menschen, der in der Kombination und Summe der Erfahrungen so ist wie Sie.

Wenn Sie das einmal verstanden und verinnerlicht haben, dann fällt es Ihnen auch bedeutend leichter, andere Menschen in ihrem Handeln und Sein anzunehmen, denn jeder hat seinen einzigartigen Lebensweg, seine ganz individuelle Prägungsgeschichte. Jesus weiß, dass es so ist und im Neuen Testament lebt er uns ein Leben vor, das frei ist von Verurteilungen. Jesus selbst lebte in einer Welt der Lügen und der Angst, aber er nahm nur die Liebe wahr, die Liebe seines Vaters. Wenn wir es ihm nachmachen, werden auch wir nicht mehr verurteilen können. Richten wir also den Blick auf die Liebe, die Liebe unseres himmlischen Vaters. In Lukas 6,37 sagt Jesus: „*Und richtet nicht, und ihr werdet nicht gerichtet werden; und verurteilt nicht und ihr werdet nicht verurteilt werden. Lasst los und ihr werdet losgelassen werden.*“ Das ist nachzulesen in dem Kapitel der Seligpreisungen, und in der Tat ist dieser Schritt, sich von Verurteilungen zu lösen, seligmachend.

In der Historie der Indianer überlieferte sich eine ähnliche Weisheit durch die Generationen. Ein indianisches Sprichwort besagt, dass niemand über einen anderen urteilen solle, bevor er nicht einige

Meilen in den Mokassins des anderen gelaufen sei. Sind Sie schon einmal in den Schuhen eines anderen Menschen gelaufen? In den Schuhen Ihres Ehepartners, Ihres Nachbarn, Ihres Chefs? Es kann eine interessante Erfahrung sein.

Doch zurück zu unserem Bild des Computers, zur Festplatte, dem Ort, an dem all unsere Erinnerungen, Erfahrungen gespeichert sind. Wenn wir das erst einmal wissen, dann sind wir auch verantwortlich für die Fütterung unserer Datenbank als erwachsener Mensch. Doch wie ist es mit den kindlichen Erfahrungen, die automatisch in unserem Gedächtnis, also auf unserer Festplatte gespeichert sind? Was befindet sich auf unserer Festplatte und welches Programm hat sich daraus entwickelt? In welchen Bereichen sind wir nicht frei im Denken und Tun und werden von Systemen gelenkt? Vor einiger Zeit las ich in einer Zeitung folgenden Spruch: „Alle sagten, das geht nicht. Dann kam einer, der wusste das nicht – und hat es gemacht."

Systeme begrenzen und halten uns von der Fülle Gottes fern. Die Tatsache, dass auf der Festplatte alles gesammelt wird, heißt aber nicht, dass wir uns auch an alles erinnern können, was dort abgelegt wurde. Es kann zum Beispiel sein, dass schmerzliche Erfahrungen in einem Extra-Ordner gespeichert wurden, vielleicht sogar noch mit einem Extra-Codewort verschlossen sind, um an solch unangenehme Erinnerungen gar nicht mehr heranzukommen, weil das System über einen ausgezeichneten Selbstschutzmechanismus verfügt.

Unser Unterbewusstsein übernimmt einen erheblichen Anteil an Reaktionen, Gefühlen und Wahrnehmungen und es bedarf großer Anstrengung, Licht in unbeleuchtete Bereiche zu bringen, die zu Heilung und Erneuerung führen. Die Gute Nachricht ist, dass Sie nicht aus eigener Kraft in Ihrer Vergangenheit, mit eigener Anstrengung Ihre Biografie durchforsten und durchleuchten sollen, weil das in keine Freiheit führen kann.

In der heutigen Zeit arbeiten viele Anleiter in Selbsthilfeseminaren mit dieser Form der Selbsterrettung. Sie können sich aber nicht selbst erlösen, Erlösung geschieht nach einem göttlichen Prinzip. Das bedeutet, dass „ER–löst". Jesus allein hat die göttliche Kraft, Sie aus Unfreiheit, Unvergebenheit zu lösen. Und Jesus ist derjenige, der Sie auch nach einem Vergebungs- und Heilungsprozess nicht alleine lässt, er bleibt als ewiger Freund bei Ihnen. seine Liebe macht Sie heil und somit ganz, sein Wort spricht Sie frei, wenn Sie erlauben, dass es über Ihrem Leben ausgesprochen wird. In der Apostelgeschichte 4,12, spricht Petrus vor dem Hohen Rat: *„Und es ist in keinem anderen das Heil; denn auch kein anderer Name unter dem Himmel ist den Menschen gegeben, in dem wir gerettet werden* müssen.“

Es ist Jesus, der Sie beim Namen ruft und der die gesamte Festplatte für ungültig erklären kann, wenn Sie im Geist neugeboren werden. Mit Ihrem Einverständnis hat Er allein die Kraft und die Vollmacht, den alten Menschen geistlich sterben zu lassen und ihn durch die Bekehrung neu auferstehen zu lassen. Mit Ihrer Bekehrung, also Ihrer Entscheidung ein Leben mit Jesus zu leben, stehen Sie an einem Wendepunkt und ein neues Leben kann beginnen, der alte Mensch ist tot und aus ihm ist eine neue Schöpfung geworden. 2. Korinther 5,17: *„Daher, wenn jemand in Christus ist, so ist er eine neue Schöpfung; das Alte ist vergangen, siehe, Neues ist geworden.“*

In das Reich Gottes einzutreten ist ein übernatürlicher Akt, das können wir nicht aus eigener Kraft tun. Lassen Sie sich retten! Es ist schön, sich retten zu lassen. Jesus hat die Kraft und die Macht, Ihre Festplatte neu zu speisen und die alten Speicherungen komplett zu befrieden. Ohne die Heilung der Vergangenheit gibt es keine gesunde Zukunft. Geheilte Wurzeln sind ein geheiligtes Fundament, aus denen gesunde Früchte wachsen werden.

Vergebung ist der Schlüssel zur Heilung, die Wurzel ist die Liebe Gottes und die ist in ihrer Vollständigkeit nur erlebbar, wenn wir diese Schritte mit Jesus gehen, denn er hat uns zuerst geliebt und seine Vergebung für meine und Ihre Sünden sind bereits am Kreuz ausgelöst. Empfangen Sie die gewaltige Heilkraft der Erlösung durch Jesus Christus, seine Erlösung ebnet den Weg, um Vergebung zu empfangen, erst dann können wir anderen Menschen vergeben, schließlich können wir nur das weitergeben, was wir selbst empfangen haben.

Erlöst in Christus beinhaltet die durch seine Liebe empfangene Vergebung und ist unsere Fahrkarte in den Himmel, der einzige Weg nach Hause. Das ist ein gewaltiger Glaubensschritt, doch die Frucht, die daraus erwächst, wird Ihnen beweisen, dass Jesus Retter und Erlöser ist. Alle Menschen brauchen Heilung, jeden Tag neu, und deshalb decken Sie Ihre täglichen Wunden und Herausforderungen mit seiner Liebe zu, lassen Sie sich von ihm lieben und Sie werden erleben, wie Sie befähigt sind, andere Menschen zu be–lieben, und Ihr Leben zu einem Geschenk Gottes wird. Es gibt den Einen, der Gott und dem Leben ganz gerecht geworden ist: Jesus Christus. Er kann die Negativbilanz Ihres Lebens ausgleichen. Das kann nur dieser Eine. Er genügt.

Gedanken zur Vertiefung

☺ Welche Gedanken löst folgender Satz in Ihnen aus: *„Nimm Abschied und genese!“* Was kann es für Ihr Leben heute bedeuten?

☺ Nehmen Sie die Bibel zur Hand und lesen Sie Johannes 3, 1-21.

☺ Unterstreichen Sie die Stellen, die Sie ansprechen.

☺ Lesen Sie dann die markierten Stellen mehrmals hintereinander in Ruhe.

☺ Lassen Sie das Wort auf sich wirken, damit es sich in Ihnen vertiefen kann.

Affirmation

Danke, Herr, du erbarmst dich meiner.

Wenn das Herz voll ist,

geht der Mund über.

Wenn Jesus in uns aufsteht

Meine Tochter kam an einem späten Vormittag gut gelaunt aus der Schule. Als wir kurze Zeit später gemeinsam am Mittagstisch saßen, erzählte sie mir und ihren Brüdern recht aufgeregt, was sie am Vormittag im Englischunterricht erlebt hatte. Die Klasse arbeitete gerade an einem englischen Text, der einige Bibelstellen enthielt, als die Lehrerin fragend in der Klasse umherblickte, da sie nicht wusste, wie genau die Quellenangaben ausgesprochen wurden. Sie fragte also unsicher in die Klasse hinein: „Wer von euch kann mir sagen, wie man diese Zeilen vorliest?" Meine Tochter wusste es, traute sich aber nicht, die richtige Antwort zu nennen, da alle anderen Mitschüler keine Christen waren. Sie befürchtete einfach ausgelacht oder als Exot betitelt zu werden.

Die Englischlehrerin wurde ärgerlich und stellte nun wiederholt, aber dieses Mal mit schärferem Ton ihre Frage an die Klasse. Betretenes Schweigen im Klassenzimmer, doch das Herz meiner Tochter begann schneller zu schlagen, denn in ihrem Inneren fand gerade ein geistlicher Aufstand statt. Meine Tochter war zu diesem Zeitpunkt noch nicht bekehrt, sie wusste schon viel über Jesus, besuchte regelmäßig die Gottesdienste, fand sogar Anschluss zu anderen jugendlichen Christen, aber eine Entscheidung für ein Leben mit Gott hatte sie noch nicht getroffen.

In dieser Situation, umgeben von jungen Menschen, die Gott nicht kannten, selber auch noch nicht errettet, stellte sie sich der Herausforderung, die Gott ihr in diesem Moment abverlangte: jetzt, in diesem Moment vor der ganzen Klasse zu sagen: „Ja, ich lese in der Bibel und sein Wort ist mir nicht fremd! Jesus sagt in Matthäus 10,32 : *„Jeder nun, der sich vor den Menschen zu mir bekennen wird, zu dem werde auch ich mich bekennen vor meinem Vater, der in den Himmeln ist."*

Die Lehrerin fragte nun ungeduldig: „Gibt es denn hier keinen, der mal in die Kirche geht?" In diesem Moment stand Jesus in meiner Tochter auf, ihr Herz klopfte schneller, doch sie rief mit lauter Stimme in die Klasse hinein: „Ja, ich!" Das war eine revolutionäre Erfahrung für sie, denn sie erlebte gerade in ihrem Innersten, wie

Jesus in ihr aufstand und durch sie lebendig eingriff. Dieser Ruf in die Klasse hinein kam nicht aus ihrer Kraft, sondern das lebendige Wirken des Heiligen Geistes durchflutete ihr Herz und gab ihr die Kraft, das Wort zu ergreifen und die Mauern der Menschenfurcht zu durchbrechen. Meine Tochter erzählte uns diese Erfahrung mit solch einem Enthusiasmus, so großer Freude, und als ich das Strahlen in ihren Augen sah, da wusste ich, dass sie in Gottes Augen längst eine Frau Gottes ist.

Denn bei dir
ist der Quell des Lebens;
in deinem Licht
sehen wir das Licht.

Psalm 36,10

Meinen täglichen Sieg gib mir heute

Jesus ist großzügig, ein Geber im Großformat. Was aber befähigt ihn zu diesem fast übernatürlichen Auftreten? Ist er nicht ein Mensch aus Fleisch und Blut, der mir und Ihnen so ähnlich ist? Woher nur bekam er diese übernatürliche Kraft, jeden Menschen mit den Augen der Liebe anzusehen, nie eine Verurteilung über einen Menschen auszusprechen und Wunder zu vollbringen, die unsere menschliche Vorstellungskraft übersteigen?

Die Antwort erschließt sich, wenn wir betrachten, in welcher Beziehung Jesus zu Gott steht. Er selbst ist Gottes Sohn, ein Königskind, Kind des Höchsten, er lebt Kindschaft vor und steht von daher in der engsten Beziehung zu Gott, die ein Mensch haben kann. Er ist ihm so nahe, dass er durch die unmittelbare Nähe befähigt ist, göttliche Wege, Fähigkeiten und Lösungen vorzulegen. Jesus zeigt uns an seinem Leben, wie wir leben sollen: In direkter Kindschaft, wie die Rebe am Weinstock, eben in unmittelbarer Nähe zu dem Schöpfer, der Himmel und Erde, der Sie und mich gemacht hat. Aus dieser Nähe führt er uns in ein langes und gesegnetes Leben. Schon im alten Testament spricht Gott dieses Versprechen aus, in 1. Könige 3,14 sagt er: *„Und wenn du auf meinen Wegen gehst, indem du meine Ordnungen und Gebote bewahrst, so wie dein Vater David gegangen ist, dann werde ich deine Tage verlängern."*

Gottes Ordnungen und Gebote sind also nicht geschaffen, um einzuschränken, sondern um uns zu schützen vor falschen Entscheidungen, die uns schwächen und berauben und dem geistigen Widersacher dienen. Dann, in diesem geschützten Territorium, unter dem Schutz Gottes stehend, dürfen wir ein langes, gesegnetes Leben erwarten. Jedoch nur die Liebe zu unserem Gott ermöglicht es, mit einem fröhlichen Herzen, seiner Wahrheit nachzueifern und die Gebote zu befolgen. Ohne diese Liebe ist es unmöglich Gott zu gefallen.

Ähnlich ist es in einer Ehe. Wenn Sie mit Ihrem/ Ihrer Ehepartner/in zusammenleben und Sie keine Liebe für ihn/sie haben, dann kann es die Hölle auf Erden werden. Es ist die höchste Aufgabe jedes Menschen, das Schild der Liebe hochzuhalten, sei es nun in der Ehe, in der Familie, am Arbeitsplatz, mit Freunden oder in der Beziehung zu sich selbst. Wenn es an Liebe mangelt, steht der Mensch auf dünnem Fundament. Ein christliches Leben gedeiht in einer liebevollen Beziehung zum lebendigen Gott. Es ist Jesus, der mit seiner lebendigen Liebe beständig das Lebensband ölt und somit seinen Kindern Schutz und Retter ist. Sie können ihn zwar jetzt mit Ihren physischen Augen nicht sehen, aber in einer geisterfüllten Beziehung zu ihm wird er offenbar.

Nur durch die Berührung des Heiligen Geistes ist es möglich, die Liebe Gottes zu erfahren und so ist es wichtig, dass wir im täglichen Gebet auch den Heiligen Geist immer wieder neu hineinbitten in unser Leben. Jesus schickte uns seinen Heiligen Geist, damit wir das vollständige Kontingent der Segnungen empfangen werden, seinen heiligen unsterblichen Geist, der in Ewigkeit lebt und spricht.

Gott Vater, Sohn und Heiliger Geist, alle drei gehören zusammen, sind eins und untrennbar. Jede dieser drei Personen hat aber eine ganz eigene Art und Weise zu wirken und sich auszudrücken. Der Heilige Geist führt uns zu Jesus, er schließt uns diese übernatürliche Beziehung auf, er ist der Kraftgeber, der Liebesgeber, er ist die Person, die Gemeinschaft herstellt, die auferbaut, uns durchflutet und durchdringt, die strömt, fließt und hingibt, Wege vorbereitet und ebnet.

Gott Vater ist der Schöpfer, der Allmächtige, Herrscher und Höchster, Gott selbst ist die Liebe, während Jesus der ist, der die Liebe lebt, der sie anwendet, Er ist Täter der Liebe, Freund und Helfer, Tröster und Heiler, Vorbild und Held. Der Heilige Geist hilft uns dabei, das Herz zu öffnen, damit der Friede Gottes in unser Herz einziehen kann und somit Jesus, denn *„Jesus ist unser Frieden“*, so steht es in Epheser 2,14.

Sie brauchen den Frieden Gottes in Ihrem Herzen, um beständig mehr geben zu können, als Sie normalerweise geben können. Strecken Sie sich nach übernatürlichen Früchten in Ihrem Leben aus? Dann schauen Sie auf die Wurzel, aus der sie erwachsen sollen, Jesus Christus selbst ist die Kraft, die Leben gibt. Beim Geben selbst erleben wir, wie wir gesättigt werden. Zu entdecken, dass wir beim Geben selbst Gottes Kraft in unserem Leben freisetzen, ist eine revolutionierende Entdeckung.

Das ist ein Prinzip, welches unserem materiellen Denken zwar entgegensteht, doch als Nachfolger Christi treten Sie ein in diesen Bund der gesegneten, göttlichen Erfahrungen, denn die Liebesbeziehung zu ihm eröffnet Ihnen neue Wege, immer geleitet durch seinen Geist des Friedens. Wenn dieser Friede nicht in Ihnen wohnt, ist es unmöglich göttliche Erfahrungen zu machen, da ein erwachter Geist in einem friedegefüllten Herzen wohnt und dieser Geist des Herrn ermöglicht es, die Stimme des himmlischen Vaters zu hören. Lesen wir Johannes 8,47: „*Wer aus Gott ist, hört die Worte Gottes. Darum hört ihr nicht, weil ihr nicht aus Gott seid.*“

Gott spricht zu uns in seinem Wort, und gemeint ist damit die Bibel. Aus seinem Wort erwächst unsere Hoffnung, sein Wort ist liebevoller Wegweiser und will uns weg-weisen von unserem ichbezogenen Denken, er wird uns auf fruchtbringende, gesunde Pfade lenken. In Psalm 119,105 steht: „*Eine Leuchte für meinen Fuß ist dein Wort, ein Licht für meinen Pfad.*“ Und Psalm 25,10 sagt: „*Alle Pfade des Herrn sind Gnade und Treue denen, die seinen Bund und seine Zeugnisse bewahren.*“

Wenn wir lernen, die Gnade des Herrn in Anspruch zu nehmen, indem wir ihn jeden Tag neu suchen und das Wort als Träger seiner Wahrheiten zu uns heranziehen, dann leben wir in Nachfolge Jesu und unser Leben wird echte Erfüllung erleben.

Das oberste Gebot
des Suchenden
heißt Geduld.

Man kann Knospen
nicht mit den Händen aufbrechen.

Die Treue des Gläubigen besteht in der unaufhaltsamen Suche nach der Offenbarung des Wortes, und mit einem liebenden Herzen spricht Jesus in die suchenden Herzen hinein, wobei sich der Vorhang der begrenzenden Wahrnehmung öffnen wird und uns dann teilhaben lässt an Gottes wunderbarer Schöpfungskraft. Die Schöpfung selbst fand nicht nur einmal im 1. Buch Mose statt, sondern in jedem Augenblick des Lebens wird physisches, neues Leben geboren; der mächtigste Schöpfungsakt aber ist die Neugeburt des Geistes, wenn Sie erleben, wie Sie durch die Liebe Gottes eine neue Kreatur geworden sind, die vom Vater empfängt und echte Erfüllung im Geben findet.

Jesus sagt in Johannes 10,27-30: „Meine Schafe hören meine Stimme, und ich kenne sie, und sie folgen mir; und ich gebe ihnen ewiges Leben, und sie gehen nicht verloren in Ewigkeit, und niemand wird sie aus meiner Hand rauben. Mein Vater, der sie mir gegeben hat, ist größer als alle, und niemand kann sie aus der Hand meines Vaters rauben. Ich und der Vater sind eins."

Dieses Buch will Sie einladen, dem guten Hirten Jesus Christus nachzufolgen, damit Sie selbst in die erquickende, genussvolle Erfahrung der Kindschaft kommen und ein Licht dieser Welt werden. Gott ist größer als jeder Umstand und jedes Problem, er ist die Stätte der Sicherheit.

Lesen Sie dazu in Ihrer Bibel den Psalm 91 vollständig, hier ein kleiner Ausschnitt daraus: Psalm 91,1 u. 14-16: *„Weil er an mir hängt, will ich ihn erretten. Ich will ihn schützen, weil er meinen Namen kennt. Er ruft mich an und ich antworte ihm. Ich bin bei ihm in der Not. Ich befreie ihn und bringe ihn zu Ehren. Ich sättige ihn mit langem Leben und lasse ihn mein Heil schauen."*

In Vers 15 steht, dass Gott erst befreit und dann zu Ehren bringt. Täglicher Sieg bedeutet, dass wir mit Lobpreis, Anbetung und Gebet jeden Tag neu die Wolken vertreiben, die sich zwischen uns und den liebenden Vater geschoben haben. Wenn es uns gelingt, diese geistlichen Kämpfe täglich aufzunehmen und erfolgreich gegen Zweifel, Ungeduld, Missstimmungen, Bequemlichkeit, Keine-Zeit-Denken anzutreten, dann erleben wir Befreiung und haben den täglichen Sieg, den Gott uns zugedacht hat. So bringt er seine Liebe und

Ehrung zum Ausdruck, indem er Segnungen auf unser Leben ausgießt.

Gedanken zum Vertiefen

Gott ist da, immer! So wie die Sonne auch immer da ist. Nur können wir sie nicht immer sehen, wenn sich Wolken dazwischenstellen. Ebenso verhält es sich für uns, wenn wir Gottes Stimme in unserem Herzen nicht vernehmen.

- ☺ Überlegen Sie, ob es Situationen gab, in denen Sie störende Wolken wahrgenommen haben. Wie waren Ihre Reaktionen?
- ☺ Erinnern Sie sich an eine Situation aus Ihrem Leben, in der Sie der Sieger über Lebensumstände waren. Schließen Sie nun Ihre Augen und vergegenwärtigen Sie noch einmal das Gefühl des Sieges.
- ☺ Atmen Sie nun tief und entspannt ein und aus, kommen Sie zur Ruhe und beten Sie für Gottes Sieg in Ihrem Leben. Beten Sie dafür, dass Jesus über Ihrem Leben siegt und wacht, und erleben Sie Sieg (das heißt Heilung) in jeder Zelle Ihres Körpers, in Ihrem Herzen, in Ihrem Geist und Ihrer Seele.

Affirmation
Es ist Gottes Wille, dass ich siegreich in meinem Leben bin.

Herr, ich werfe meine Freude
wie Vögel an den Himmel!

Ein neuer Tag, der glitzert und knistert,
knallt und jubiliert von deiner Liebe.

Jeden Tag machst du.
Halleluja, Herr !

(aus Westafrika)

Alles, was zählt

Es war eine abendliche Verabredung, die mich noch einmal veranlasste, meine warme Wohnung zu verlassen und durch die regennassen Straßen von Berlin zu fahren. Die Scheibenwischer meines Autos kämpften redlich gegen die schweren Tropfen an und mein Gemüt erhellte sich bei dem Gedanken, dass ich schon in ein paar Minuten in einem italienischen Restaurant sitzen würde, um meine Sinne in angenehmere Gefilde zu entführen.

Beim Betreten des Restaurants erfreute mich der erste Eindruck, bestehend aus einer Variation von gestärkten weißen Tischdecken, sachlicher Eleganz und freundlich distanzierter Begrüßung. Ich nahm Platz, bestellte mir ein Wasser und wartete auf meine Verabredung, einen guten alten Freund.

Als er sich zu mir setzte, war unsere Freude groß, sehr lange hatten wir uns nicht mehr gesehen, und wir musterten uns beiläufig nach den Spuren, die das Leben der letzten Jahre in unsere Gesichter gezeichnet hatte. Die Unterhaltung begann lebhaft, doch mein Freund Edward wirkte erschöpft. Zwar funkelten seine Augen gelegentlich noch immer so, wie ich ihn von früher kannte, doch sein Habitus, seine Reaktionen erschienen müde und angestrengt.

Nach der Vorspeise legte ich mein Besteck bei Seite, legte meine Hand auf die seine und sah ihn an. „Was ist los mit dir?“ fragte ich ihn. Er suchte nach Worten und stammelte: „Ich habe keine Freude mehr, ich habe meine Freude verloren. Ich fahre morgens in meine Firma, aber es erfreut mich nicht. Ich steige in mein wunderschönes Auto und es freut mich nicht. Selbst meine Rennpferde und die schöne Segelyacht betrüben meine Stimmung.“ Und mit gesenktem Blick fügte er leise hinzu: „Ich habe mich noch nie so arm gefühlt.“

Jetzt war ich an der Reihe. Ich konnte ihn nur zu gut verstehen, denn derartige Stimmungseinbrüche kannte ich noch aus der Zeit, als ich mein Leben weit entfernt von Gott und seinem Sohn gelebt hatte. Mit der Einladung an Jesus, in mein Herz einzuziehen, erlebte ich einen erfrischenden, belebenden und Freude bringenden Einzug in mein ganzes Sein.

Es ist die Freude am Herrn, die Freude zu wissen, wer ich in IHM bin, die einzig und allein ein gesunder Stabilisator im Leben sein kann. Das allein zählt, und ohne diese Freude in IHM zu sein, sich eins zu machen mit der Liebe, sind Sie ein schlafender, beraubter und noch nicht erwachter Mensch, so traurig das auch klingt. 1. Johannes 4,16: *„Gott ist die Liebe; und wer in der Liebe bleibt, der bleibt in Gott und Gott in ihm."*

Setzen Sie dem geistlichen Dornröschenschlaf ein Ende, denn der Friedefürst beugt sich über Sie hinab. Gott möchte Sie wach küssen mit seinem biblischen Wort, das süß wie Honig schmeckt und das Gelee Royale des Lebens ist.

Als ich meinen Freund anblickte, wusste ich, was er jetzt auf keinen Fall hören wollte, denn schon oft hatte ich versucht, ihm das Evangelium nahe zu bringen. Er war eben ein liebenswerter Skeptiker, ein selbstgerechter, und wie er meinte, unabhängiger Mensch. seine Augen sahen nicht, dass er längst in der Abhängigkeit des Feindes stand und beraubende geistliche Kräfte sich seiner selbst bedienten. Und dieses mal hatte der Feind offensichtlich kräftig hingelangt, indem er die Antriebsfeder jeglicher Aktivität, nämlich die Freude, einfach stahl.

In diesen Momenten verdunkelt sich der Himmel über einem Menschen und nur zu schnell laufen wir Gefahr in tiefster Nacht zu stehen: depressiv, orientierungslos, hilflos, traurig und schwach. In der gedanklichen Welt belügt der Feind uns dann noch mit der Etikette „Opfer" und hat uns damit vorerst in seinem Netz gefangen. Doch Jesus hat etwas für jeden Menschen getan, wodurch unsere Freiheit bereits vorbereitet ist. Durch seinen Tod am Kreuz, durch sein Blut und seine Auferstehung sind die Fangnetze des Feindes bereits zerschnitten und in seiner Auferstehungskraft erleben wir die göttliche Autorität und die Kraft seines Wortes in unserem Leben. Jesus ist ein Gott der Lösungen, der uns als lebendiger und tatkräftiger Retter herausführt aus verdunkelten Lebensumständen.

Sein Wort hat uns versprochen, dass er zu frischen Quellen führt und neue Kraft geben wird (Psalm 23). Gott lädt uns ein, dieses großartige Angebot anzunehmen, in dem wir handeln und ihn einladen in unser Herz, damit er sich erweisen kann als Freund und Retter.

Ich wollte meinem Freund helfen, nahm meinen ganzen Mut zusammen und gerade als ich ansetzen wollte, um ihm erneut von Gottes Liebe und Stärke zu erzählen, fiel er mir schneidend ins Wort und forderte mich auf, ihn damit in Ruhe zu lassen. Ich wusste, dass Edward ein Mensch ist, der das Detail liebt, der einen ausgeprägten Sinn für Feinheiten hat.

Gerade als ich meine Auster in der Hand hielt, fragte ich ihn: „Was glaubst du, mein Freund, wer sich diese wunderschöne Muschel ausgedacht hat und woher diese unerschöpfliche Perfektion und Fülle der Natur kommt?“ Edward blickte die Muschel an, zuckte kurz mit den Schultern und antwortete mit heruntergezogenen Mundwinkeln ohne aufzublicken: „Alles Zufall, ist alles vom Urknall entstanden.“ Ich lachte laut auf, schlug mir mit meinen Händen auf die Oberschenkel, legte mein Besteck an den Tellerrand und sagte ihm: „Die Wahrscheinlichkeit, dass das Leben, die Natur, die Tiere, die Menschen, Deine hübsche Frau und die zwei bezaubernden Töchter durch den Urknall entstanden seien, ist genau so wahrscheinlich wie die Annahme, dass wir ein fertig gebundenes Buch in den Händen halten, nachdem eine Druckerei explodiert ist.“ Jetzt lachte Edward auch, sah mich freundlich an und hatte dem nichts mehr entgegenzusetzen. So wendeten wir uns nach einer kurzen Pause anderen Themen zu, aber in meinem Innersten wusste ich, dass Gott ihm bereits nachging.

Es wurde noch ein sehr schöner Abend und wir arbeiteten uns gemächlich durch ein vier Gänge Menü hindurch, als eine attraktive, aber erschöpft wirkende junge Frau das Lokal betrat und sich an den Tresen stellte, direkt neben unseren Tisch. So bekam ich beiläufig das Gespräch mit, das die junge Frau mit dem italienischen Restaurantchef führte. Sie erzählte von den Ereignissen der letzten Tage, von der Einsamkeit, von Problemen am Arbeitsplatz, Kopfschmerzen und den vielen Vorhaben, die sie in Kürze angehen wollte. Gleichzeitig drückte sie aber auch ihre Erschöpfung und Überforderung aus und sagte leise: „Ich weiß überhaupt nicht, wo ich anfangen soll.“

Der Restaurantbesitzer, der offensichtlich in einem freundschaftlichen Verhältnis zu ihr stand, antwortete ihr in seinem italienischen Akzent: „Bella, fange mit „Amore" an, dann ist alles ganz leicht." Mir fiel fast der Dessertlöffel aus der Hand, als ich diesen Rat hörte, denn einfacher kann man das Evangelium nicht ausdrücken.

Das, was Jesus uns in den Evangelien vorlebt, ist die besonders hingegebene und liebende Beziehung zu Gott und aus dieser höchsten aller erdenklichen Liebesbeziehungen bahnt Gott ihm einen Weg, der ein Weg der Lösungen, der Nächstenliebe, der Heilung, der Weisheit und Wunder ist. Das ganze Leben als Christ steht und fällt mit der Intensität der Beziehung, die wir zu Gott entwickeln. Jesus selbst fing einfach mit „Amore" an, weil er wusste, wie sehr Gott ihn liebt.

Gott befähigt den Schwachen, in Seiner Stärke zu leben, wenn das Beziehungsband zwischen beiden ein inniges ist. Die innige Beziehung zu Gott birgt das Wunder der vollständigen Heilung zu einem gesunden Leben, gesunden Beziehungen und gesunden Entscheidungen. Nichts ist gefährlicher, als nicht zu wissen, wo die Prioritäten des Lebens zu setzen sind, und eine ganze Kette von Schwierigkeiten blockiert unser Leben.

Übrigens

Die Chinesen haben in ihrer Schrift für die Begriffe Krise und Chance ein und dasselbe Zeichen. Das heißt: Wo eine Krise ist, ist auch immer eine Chance.

Die Wahrheit bringt Dynamik in unser Leben

Schließlich ist es die Lüge, die lähmt, die Wahrheit bringt Dynamik und gesunde Frucht in unser Leben. Vielleicht stehen Sie jetzt an einem Punkt, wo Sie sich fragen, warum Sie etwas verändern sollten, da es Ihnen doch ganz gut geht. Das mag sein, aber wie geht es den anderen Menschen um Sie herum, die mit Ihrem Verhalten, Ihren Entscheidungen leben müssen?

Hier ein kleines, extremes Beispiel zur Verdeutlichung: Stellen Sie sich vor, Sie hätten einen cholerischen Chef, der bei der geringsten Kleinigkeit durchdreht und mit seinem Jähzorn und Geschrei jedes Mal eine Schneise der Verwüstung hinterlässt, dann aber nach kurzer Zeit wieder pfeifend und gut gelaunt seinen Angestellten gegenübersteht. Ihr Chef erfreut sich schließlich bester Laune, immerhin hatte er eben noch einen Weg gefunden, sich von diesem inneren Druck zu befreien, und so nimmt er sich und sein Leben als angenehm und erhaltenswert wahr.

Viele Menschen leben in solch einem Zustand der Verblendung, ihre Augen erkennen nicht, dass sie ein verlorenes Leben leben, weit entfernt von der Liebe Gottes, ein Leben, das weite Schatten wirft und sie schon jetzt in der irdischen Welt einen Preis für ihr Verhalten zahlen lässt. Das Alte Testament erwähnt diesen Zustand in Jesaja 44,18: *„Sie haben keine Erkenntnis und keine Einsicht, denn ihre Augen sind verklebt, dass sie nicht sehen, und ihre Herzen, dass sie nicht verstehen.“*

Und auch das Neue Testament sagt hierzu in 1. Johannes 2,10-11: *„Wer seinen Bruder liebt, bleibt im Licht, und nichts Anstößiges ist in ihm. Wer aber seinen Bruder hasst, ist in der Finsternis und wandelt in der Finsternis und weiß nicht, wohin er geht, weil die Finsternis seine Augen verblendet hat.“*

Alles in der Welt hat seinen ganz eigenen Preis, nicht nur finanziell. Wer im Glauben lebt, lebt durch den, der am Kreuz bereits alles bezahlt hat. Das Annehmen dieser Wahrheit schafft Voraussetzungen, damit die Ströme lebendigen Wassers Ihre Herzensmauern zu Fall bringen werden. Gott will an den inneren Herzensmauern arbeiten, damit sie einstürzen, und seine Liebe darin einziehen kann.

Wo auch immer Sie sich befinden, Jesus will das Licht in Ihrem Leben sein, die Dunkelheit durchbrechen, denn im Wort steht, dass Jesus das Licht des Lebens ist. Johannes 8,1: *„Ich bin das Licht der Welt; wer mir nachfolgt, wird nicht in der Finsternis wandeln, sondern wird das Licht des Lebens haben."*

Jesus ist der Freund der Schwachen und will gerade heute Traurigkeit in Freude verwandeln, denn mit ihm an der Seite haben wir allen Grund zur Freude. Jeremia 31,13 spricht: *„Und ich will ihre Trauer in Freude verwandeln und will sie trösten und erfreuen in ihrem Kummer."*

Das Geborgensein im Glauben und das Vertrauen auf Gott hat Jesus uns vorgelebt. Er ist für uns Vorbild und Zeugnis für Gottes Handeln an ihm und seiner Verheißung an uns. Gott schenkt uns eine ganz besondere Qualität des Lebens, denn er nimmt uns so an, wie wir sind. Gott unterscheidet zwischen der Person und ihren Taten. So wird niemand gleichgestellt mit seiner Leistung oder Fehlleistung.

Es gibt vor Gott eine Anerkennung der Person, die durch keinerlei Taten, Handlungen oder Unterlassungen beeinflusst und verändert werden kann. Darauf verweist der christliche Glaube, wenn er von der Rechtfertigung des Menschen in Christus spricht. Alles, was wir tun dürfen und können ist, dieses göttliche Geschenk entgegenzunehmen und auszupacken, um es dann anzuwenden. Er schenkt uns Gnade und Vergebung, seine Auswirkungen zeigen sich ganz real in einem befreiten Leben, das sich bei jedem Menschen und Einzelschicksal ganz individuell erfahren lässt. Wer diese befreiende Wahrheit ergreift, bekommt schon heute eine Ahnung vom ewigen Leben.

Die junge erschöpfte Frau in dem italienischen Restaurant täte gut daran, sich der „Amore" ihres Schöpfers hinzugeben, und mein lieber Freund Edward wäre sicherlich gut beraten, auf der Suche nach seiner verlorenen Freude den Räuber seiner Antriebsfeder zu enttarnen und sich im Gebet mit seinem Freund vor dem Herrn eins zu machen, um die Kraft Gottes in sein Leben einzuladen.

Alles was zählt, ist die Freude am Leben, die in der Freude am Herrn ihren Ursprung hat. Ohne Freude sind wir nichts. Unser Ziel ist Gott, nur dieses Ziel bringt uns beständige Freude. Wir brauchen die Freude in unserem Leben, sie ist lebensnotwendig, sie erweckt, erquickt und erhellt den Geist des Lebens und sie ist eine Vorstufe zur Liebe. Freude besiegelt Beziehungen, auch zu Gott, sie besiegelt einen Bund. Die Freude am Herrn macht die Beziehung zu Gott lebendig, persönlich und schön. Leben wir also in der Freude am Herrn, dadurch erfüllt die Freude uns. Seien Sie dankbar für diese Freude in Ihrem Leben und halten Sie sie fest. Die Bibel sagt, dass der Teufel umherläuft und uns berauben will. Weichen Sie nicht von Jesus ab, der uns die Freude gibt.

Egal wie die Umstände waren, in die Sie hineingeboren wurden, oder wie die Umstände sind, in denen Sie jetzt leben. Für Gott sind Sie sein geliebtes Kind, und Sie sind ihm sehr wichtig. Sie sind sein Kostbarstes und er will, dass Sie das in Besitz nehmen, was Jesus am Kreuz für Sie freigekauft hat. Sie haben als Kind Gottes ein Anrecht und einen Anspruch darauf, dass Sie in Ihrem Leben ein Übermaß an Freude erleben. Es unterliegt Ihrer Verantwortung, Gottes bereitgestellte Geschenke an Sie auch auszupacken.

Gott möchte erleben, wie die Morgenröte in Ihnen aufsteigt, wie in Ihnen ein neuer Tag beginnt, der glitzert und knistert, knallt und jubiliert durch seine Liebe. Er will erleben, wie Sie diese Freude verschwenderisch vor seinen Augen in den Himmel werfen und rufen: „Halleluja, Herr, jeden Tag machst du!“

Gedanken zur Vertiefung

Gott sagt 365 Mal im Neuen Testament: „Freut euch!“ Das ist jeden Tag einmal.

- ☺ Haben Sie sich heute schon gefreut?
- ☺ Erinnern Sie sich an die Momente in Ihrem Leben, in denen Sie wirklich große Freude erlebt haben. Vielleicht war es eine Weihnachtsbescherung, die Sie als Kind erlebt hatten, oder die Erinnerung, wie Sie barfuß über eine Wiese gelaufen sind.
- ☺ Rufen Sie diese Erinnerungen wie beim Betrachten eines Fotoalbums ab und erkennen Sie, dass Freude und Hingabe zu-

sammengehören. Schließen Sie Ihre Augen und lassen Sie in Ihrem Gesicht ein Lächeln entstehen. Füllen Sie sich mit dem schönsten aller Gefühle, der Freude und danken Sie Gott dafür, dass er der Schöpfer aller Freude ist, die er in Sie hineingegossen hat von Anbeginn an, denn er ist das Alpha und das Omega (Offenbarung 1,8).

Wenden Sie Ihren Glauben an. Der Glaube ist unser täglich Brot und Gott gibt es gerne und im Überfluss. Wer im Glauben lebt, bekommt ein dankbares Herz. Betrachten Sie mit den Augen der Dankbarkeit, wie sehr Gott Sie bereits in Ihrem Leben beschenkt hat.

Gott hat Ihnen wohlwollende und liebe Menschen an die Seite gestellt? Dann danken Sie ihm. Sie tragen ein Paar Schuhe an den Füßen? Dann danken Sie ihm. Nur wer für das Geringe dankt, wird auch das Große empfangen. Mit Ihrem Dank säen Sie die Vervielfältigung von Gottes Segnungen. Dank ist ein Multiplikator, der die Geschwindigkeit erhöht, um zu gesunden und im Herrn zu wachsen.

Dank und Freude gehören zusammen, auf Dank folgt Freude, auf Freude wieder Dank, auf Dank erneut Freude, auf Freude der Dank, usw., eine zutiefst gesunde Gedankenspirale. Mit einer Herzenshaltung der Dankbarkeit vor unserem Gott erhöhen wir unsere Lebensqualität erheblich. Die Dankbarkeit macht das Leben reich. Wenn wir mit einem demütigen und dankbaren Herzen vor unseren Herrn kommen, setzt er die Freude frei. Hier liegt der Ursprung jeglichen positiven Denkens.

Die New-Age-Szene hingegen gebraucht komplizierte Gedanken- und Therapiewege, um aus eigener Kraft Freude freizusetzen. Aus eigener Erfahrung weiß ich heute, dass dieses ein sehr anstrengender und unerfüllender Weg ist und an der Wahrheit vorbeiführt. Vergeuden Sie Ihre kostbare Zeit und Ihr Geld nicht mit irgendwelchen Selbsterlösungsmodellen, die vielfältig angeboten werden.

Die wahre, echte und ewigliche Freude fließt aus der ewiglichen Quelle des Herrn. Freuen Sie sich nicht an sich selbst, freuen Sie sich am Herrn, denn er ist gut, immer! Säen Sie das, was Sie auch ernten möchten. Sie wollen Freude in Ihrem Leben? Dann säen Sie Freude aus. Sie haben allen Grund zur Freude, denn an Ihrer Seite begleitet

Sie ein lebendiger Gott, der Sie bedingungslos liebt. Jesus ist ein praktischer Gott, der Sie gebrauchen und befähigen will. Er ist nahe bei Ihnen und er greift nur ein, wenn Sie ihn im Gebet hinzurufen. Jesus als Ihr Lehrer ist Ihnen vorausgegangen, darum folgen Sie ihm. Die Ernte wird groß sein.

☺ Gehen Sie nun ins Gebet und bitten Sie Jesus, Ihnen bei der nächsten Übung zu helfen.

Schritte zur Vertiefung

Bei der folgenden Übung kommt es darauf an, dass Sie gleich heute aktiv werden. Verschieben Sie Ihr Vorhaben nicht auf morgen oder später. Wenn Sie in der Theorie bleiben, werden Sie keine praktischen, bahnbrechenden Erfahrungen machen. Probieren Sie aus, für Sie noch ungewöhnliche Schritte zu tun, später wird es Ihnen immer leichter fallen. Deshalb säen Sie gleich heute Freude in Ihrem Leben aus. Ganz praktisch heißt das:

- Rufen Sie heute zwei Menschen aus Ihrem Bekanntenkreis an und sagen Sie ihnen, dass Sie sich freuen, mit ihnen bekannt zu sein. Erzählen Sie Ihnen, was Sie an Ihnen schätzen und erfreuen Sie sich an der entstehenden Freude.

- Besorgen Sie sich heute mindestens zwei Postkarten und verschicken Sie diese an Eltern, Geschwister, Freunde, Arbeitskollegen, Ihren Chef, Lehrer, Nachbarn. Schicken Sie einen lieben Gruß ab, indem Sie Ihre Wertschätzung für diese Personen ausdrücken.

- Notieren Sie diese Aktion in Ihrem Gebetstagebuch und halten Sie schriftlich fest, was Sie mit dieser Übung erlebt haben.

Viele Menschen führen Tagebuch. Darin schreiben sie oft die sie verletzenden, schmerzhaften Erlebnisse nieder und manifestieren damit ihren Blick auf das Negative. Wenn sie dann rückblickend darin lesen, erscheint das Leben als Jammertal.

Machen Sie es doch anders: Schreiben Sie ein „Dankbarkeitstagebuch". Legen Sie sich etwas zu schreiben neben das Bett und lassen Sie jeden Abend den Tag Revue passieren. Schreiben Sie zwei bis drei kleine Gedanken auf, für die Sie heute danken, Situationen über die Sie sich gefreut haben. Verändern Sie Ihren Blick, schauen Sie auf das Gute, schließlich schaut Gott ebenso auf Sie, und Sie werden erkennen, dass es funktioniert und Freude in Ihr Leben einziehen wird!

Beachte

Die Freude am Herrn ist umsonst, wir empfangen sie nicht durch richtig ausgeführte Hausaufgaben. Das besondere an der Freude aber ist, dass sie sich vervielfältigt, wenn wir sie teilen. Nur auf diese Erfahrung kommt es bei dieser Übung an.

Sprechen Sie Ihr Begehren nach Gottes Freude aus und er wird Sie mit seiner göttlichen Freude füllen. Es ist einzig und allein die Freude am Herrn, die Sie in einen beständigen Zustand der Freude am Leben überführt.

Affirmation

Herr, jeden Tag erfreue ich mich in Deiner Liebe und Freude fest verwurzelt zu sein. Ich bin ein Königskind !

Hörempfehlung

♪ „dankbar", von Christoph Bonnen
Titel: Hoffnung Deiner Gnade

♪ „Lobpreis aus Berlin, live 3", von Christoph Bonnen,
Titel: In dir ist mein Leben

Das Wort der Schrift
ist wie ein Kräutlein.

Je länger man
dran reibt,
umso mehr
duftet es.

Der sechste Schritt

Schlagen Sie Ihr Zelt für IHN auf

Geben Sie Gott die Chance, sein Wohlgefallen an Ihnen auszudrücken. Schauen Sie die oben genannte Bibelstelle an, und denken Sie einmal darüber nach, wie dieses Wort heute für Sie gemeint sein kann. Wie können Sie als Mensch des 21. Jahrhunderts Ihr Zelt für Gott aufschlagen? In der Stille will Gott uns begegnen, dort hören wir seine sanfte Stimme, weit weg vom Alltagslärm und den Ablenkungen einer modernen Welt. Gott erkennt an Ihrer Haltung und an Ihrem Handeln, in welcher Beziehung Sie zu ihm stehen oder stehen möchten.

Erschaffen Sie eine Situation, in der Sie sich vollkommen auf die Gegenwart Gottes einstellen und für keinerlei Störungen oder Ablenkungen eine Chance bestehen. Das kann heißen, wenn Sie in einer Familie leben, dass es einfacher ist die Zeit zu nutzen, während die Kinder außer Haus sind oder schon schlafen. Ziehen Sie sich mit Ihrer Bibel in ein Zimmer zurück, hängen Sie ein Schild an die Tür mit der Aufschrift „Stille Zeit“ und bedanken Sie sich bei Ihrer Familie, dass sie ihr Tun respektiert. Aber auch wenn Sie alleine leben und Sie eigentlich durch diesen Zustand optimale Bedingungen haben müssten, um eine stille Zeit zu erleben, ist es doch meistens so, dass gerade dann jemand an der Haustür schellt, das Telefon klingelt oder Gedankenstürme Ihnen suggerieren, dass es Wichtigeres und Dringlicheres zu tun gäbe, als Zeit mit dem Herrn zu verbringen. Das ist typisch, deshalb schenken Sie diesen Ablenkungsmanövern nur sehr kurze Beachtung, und bleiben Sie bei Ihrem Vorhaben.

Gehen Sie in das Zelt, so wie Mose es tat, wenn er den Herrn suchte, und geben Sie sich hin im Gebet (siehe 2. Mose 33,7-11). Die Zeit, die wir in der Gegenwart des Herrn verbringen, wird er benutzen, damit wir in den Charakter Jesu verwandelt werden. Es ist für Gott ein dringendes Bedürfnis, diese Stille Zeit mit Wohltaten zu füllen. Loben Sie den Herrn, preisen Sie ihn und schenken Sie Gott Ihre Gedanken, Ihr Wort oder Ihr Schweigen und erwarten Sie, dass der Vater im Himmel zu Ihnen spricht. Es gibt nichts Schöneres und

Wichtigeres, als Gott in Ihr Zelt einzuladen. Lesen Sie hierzu Offenbarung 3,20: *„Siehe, ich stehe an der Tür und klopfe an; wenn jemand meine Stimme hört und die Tür öffnet, zu dem werde ich hineingehen und mit ihm essen, und er mit mir."*

Jeder Mensch hat diesen Heißhunger nach Liebe, danach angenommen zu sein und nach Geborgenheit und Weisung. Nur Gott allein kann diesen Hunger stillen, eine Erfahrung, die Ihnen schon einen Vorgeschmack auf die Ewigkeit gibt. Deshalb öffnen Sie die Tore Ihres Zeltes weit, *„dass der König der Herrlichkeit einziehe!"* (Psalm 24,9).

Gedanken zur Vertiefung

☺ Es klingt kurios, aber frei wird der Mensch durch Bindung, durch Bindung an Gott.

Schritte zur Vertiefung

Nehmen Sie Stifte, Schere, Kleber, 1 DIN A4 Stück Pappe, Goldglitter zum Aufpinseln oder andere Dekorationsutensilien zur Hand, und stellen Sie ein wunderschönes „Stille-Zeit-Schild" her, welches Sie später an einer Zimmertür aufhängen können.

Affirmation

Voller Freude spreche ich aus, Gottes geliebtes Kind zu sein: „Ich bin Gottes geliebtes Kind. Ich bin es wert, Gemeinschaft mit Jesus zu haben."

Hörempfehlung

♪ „Lobpreis aus Berlin, live 3"
Titel: *„Danke für das Kreuz"* und *„Offenbare dich"*.

Über die Liebe

„Ich fürchte mich, denn ich bin allein,“
bebte die Angst.
„Ich gehe mit Dir,“ erwiderte das Leid.
„Ich hülle Dich in meinen Mantel,“
flüsterte die Schwermut.
„Ich küsse Dich tausendmal,“
brannte die Enttäuschung.
„ Ich jage Dich auf allen Wegen der Erde,“
höhnte die Unrast.
„Ich versenge Dir die Flügel,“
weissagte die Einsamkeit.
„Ich zertrete Dir das Herz,“
gellte die Untreue.
„Ich lösche Dich aus,“
drohte der Tod.

Dann trat die Liebe in den Kreis:
„Ich überwinde Euch alle,“
sprach sie leise.

Mach mich zum Gebet

Sich Gott hinzugeben bedeutet, sich der Liebe hinzugeben, (1. Johannes 4,16), denn sein Wort sagt uns: *„Gott ist die Liebe“.*

Dieses Wort lädt uns ein, ihm zu begegnen, ihm, der uns liebt, der uns trägt und für uns sorgt. Wenn wir dieses Geschenk annehmen und innerlich verankern, werden wir die Hingabe, die uns Gott entgegenbringt, empfangen und weitergeben können. Schließlich können wir beständig nur das weitergeben, was wir beständig empfangen. Gott allein kann das, er gibt und gibt und gibt und verändert durch das bedingungslose Geben unser Herz, unsere Haltung, unseren Blick, er macht uns sehend und so verändert er unsere Beziehung zu ihm. Dort wo Skepsis, Zögerlichkeit oder Distanz sich einer Beziehung zu Gott in den Weg stellen, das alles schwemmt er weg durch den Liebesstrom des Gebens und erschafft somit ein Flussbett des Vertrauens, ein Fundament für Nähe und Intimität.

Vertrauen ist eine Vorstufe zum Glauben, durch das positiv Erlebte gewinnen wir Vertrauen und werden geistig befördert in den Glaubensbereich hinein. Den ersten Glaubensschritten gehen angenehme, positive Erlebnisse mit Gott voraus. Das kann bedeuten, dass z.B. eine Person für uns gebetet hat und wir damit eine angenehme Erfahrung gemacht haben. Es kann auch bedeuten, dass wir beim Lesen in der Bibel etwas entdeckt haben, das in unser Leben, hineingesprochen hat. Manchmal ist es auch nur ein freundliches Lächeln einer glaubenden Person, das uns berührt und angenehm in Erinnerung bleibt. Durch eine Vielzahl von noch so kleinen positiven Erfahrungen und Erlebnissen, die in uns hineingesät wurden, wird in uns mehr und mehr das Vertrauen und Verlangen wachsen, uns der überwältigenden Größe und Liebe durch Jesus Christus zu öffnen.

Ist dieses Vertrauen im Innersten unserer Person herangereift, folgen Schritte im Glauben, die uns in ein Leben im Glauben überführen. Wir brauchen Glauben, wenn wir neue Wege gehen, wenn wir in unserem Leben über den Bereich der Mittelmäßigkeit und der Gewohnheitszone hinaustreten wollen. Wir brauchen Glauben, wenn wir für Heilung beten, für einen Arbeitsplatz oder für Versöhnung und Errettung. Der Glaube ist sozusagen das Helium, durch ihn erheben wir uns über bedrängende Umstände, er trägt uns durch schwierige Zeiten.

Wir brauchen keinen Glauben, wenn es uns gut geht, wenn wir uns in Zeiten befinden, in denen es uns an nichts mangelt und wir sicher im Boot sitzen. Glauben brauchen wir, wenn wir das Boot verlassen, wenn wir herausgefordert sind über das Wasser zu gehen. So tat es auch Petrus, als er aus dem Boot stieg und auf dem Wasser Jesus entgegen ging. Jesus sagte: „Komm!“ und Petrus verließ im Glauben das Boot. Solange er auf Jesus schaute, konnte er nicht sinken (Matthäus 14,28-31).

Erst wenn wir fest im Glauben herangereift sind, werden wir von Glaubensschritt zu Glaubensschritt schreiten können, und durch die empfangene geistliche Reife werden wir diese Schritte auch nicht aus eigener Kraft gehen, sondern wir werden in der Lage sein zu unterscheiden, wann Gott zu uns spricht und wann unser Ego uns beherrschen will. Petrus wartete schließlich den Ruf von Jesus ab. Hieran können wir ablesen, dass es nur so möglich sein soll, siegreich voranzuschreiten.

Wenn wir glauben, glauben wir in das noch nicht Sichtbare hinein, in das zwar geistlich Vorbereitete, doch herbeirufen, herbeibitten können wir es nur durch Gebet. Gebet bedeutet auch, dass wir uns in einem geistlichen Kampf befinden. In Römer 12,12 lesen wir: *„... in Bedrängnis harrt aus; im Gebet haltet an.“*

Die Hingabe im Gebet ist einer der großen Schlüssel, sie nimmt uns hinein in ein Reich der übernatürlichen, göttlichen Liebes- und Siegeserfahrungen. Hingabe öffnet die Tore, um in göttliche Segensbereiche einzutreten. Sie ist die Eintrittskarte, womit der Heilige Geist uns in grenzüberschreitende Erfahrungen hineinführt, uns verwandelt, transformiert, um das Übernatürliche zu empfangen. Doch die Wunder, die Gott tun wird, brauchen eine Vorlaufzeit. Wunder wollen vorbereitet werden, und das geschieht immer durch Gebet.

Glaube und Gebet sind mehr als das gesprochene Wort, sie sind eine bewusst gewählte Lebenshaltung, in der wir uns demütig dem König der Könige hinwenden und ihm unsere Mittellosigkeit und unsere Bedürftigkeit ausdrücken, damit er durch sein Wirken die Existenz seiner Person sichtbar werden lassen kann. Durch Glaube und Gebet werden Wunder in einem unsichtbaren Bereich geschaffen, mit unserem Gebet erbitten und rufen wir diese in die sichtbare Welt hinein. Damit sich diese Sehnsucht nach Wundern in unserem Leben erfüllt, brauchen wir geistliche Muskeln im Gebet und Eigenschaften wie Beharrlichkeit (Römer12,12), Visionen, ein demütiges und mit Liebe gefülltes Herz, das brennend im Geist die Gegenwart und die Liebe des Herrn begehrt und erwartet.

Durch das Gebet sprechen wir zu Gott und laden ihn ein, IHN der schon immer da ist. Wenn wir ihm zurufen: „Mach mich zum Gebet," dann kann das beginnen, wozu wir hier sind, um in das schönste Liebeslied mit einzustimmen zwischen Liebendem und Geliebtem; dies ist das schönste Gedicht, die höchste Kunst, die Erfüllung allen Begehrens, durch ihn berührt zu werden. Im Gebet knien wir vor ihm, damit er das Unmögliche möglich mache, das Unsichtbare sichtbar: Von der Finsternis ins Licht zu überführen, von der Gefangenschaft in die Freiheit, vom Schmerz in den Frieden und von der Angst in die Liebe.

Gedanken zur Vertiefung

☺ Wir haben die Verantwortung für uns und für die, die nach uns kommen, übertragen bekommen.

☺ Was möchten Sie der nächsten und übernächsten Generation weitergeben ?

☺ Was hat dann noch Bestand?

Schritte zur Vertiefung

Beginnen Sie, täglich in die unablässige Kommunikation zwischen Gott und Mensch, zwischen Liebendem und Geliebten einzutreten. Bringen Sie im Gebet alles vor Ihren Gott, der darum eifert in Ihrem Leben wirksam zu werden.

Affirmation

„An dem Tag, da ich rief, antwortetest du mir. Du mehrtest in meiner Seele die Kraft" (Psalm 138,3).

Hörempfehlung

♪ „Mach mich zum Gebet", Premium Collection
Nahe am Vaterherz

Öffne meine Augen, damit ich schaue

die Wunder aus deinem Gesetz

Psalm 119,18

Ein Geschenk des Himmels

Benni war 16 Jahre alt, als er erfuhr, dass er Hodenkrebs habe. Bis dahin war er ein ganz normaler Junge. Er spielte mit großer Leidenschaft Fußball, und täglich verausgabte er sich gerne auf dem Sportplatz. Seit einiger Zeit trainierte er sogar die Kinder seines Vereins, Sport bedeutete ihm wirklich sehr viel.

Doch jetzt saß er mit seiner Mutter und einigen engen Freunden im Wartezimmer der urologischen Ambulanz des Universitätsklinikums der Charité in Berlin und wartete mit Spannung auf die Untersuchungsergebnisse seiner pathologischen Befunde. Ein sehr freundlicher Arzt rief ihn mit seiner Mutter in das Sprechzimmer hinein und in aller Klarheit wurde ihm mitgeteilt, dass er eine äußerst seltene Art von Hodenkrebs habe, und dass es in der internationalen Fachliteratur keinen vergleichbaren Fall gäbe, so dass der Ausgang seiner Erkrankung völlig offen sei.

Der Schock saß tief und sprachlos verließen wir das Klinikum. Nur Benni ließ diese Fakten gar nicht an sich heran und sagte vom ersten Moment an in seiner berlinerischen Mundart: „Mutti, da is nischt. Dit wird allet wieder jut.“ Dennoch machte sich ein Gefühl der Ohnmacht in uns breit, die Gegenwart brach unter unseren Füßen weg, fassungslos schauten wir in die Zukunft und es brauchte einige Zeit, bis wir wieder ein paar klare Gedanken fassen konnten.

Wonach wir Ausschau hielten war Heilung für Benni, was wir aber wirklich brauchten, war ein Wunder. In meiner Gemeinde machten sich viele Menschen im Gebet eins mit diesem Jungen. Jeder, der von Bennis Schicksal hörte, war ergriffen und wollte helfen, und auch der Seniorengebetskreis betete für Bennis Heilung. Die kommenden Wochen bestanden für Benni aus zahlreichen Untersuchungen und einer langen Zeit des Wartens. Alles veränderte sich, die Zeit bekam eine neue Bedeutung und das Heute wurde wichtiger als das Morgen. Als alle Ergebnisse zusammengetragen waren, wurde Benni operiert. Der Ausgang der Operation war offen, Benni musste auch mit einer Amputation rechnen, doch wieder sagte Benni: „Mutti, allet wird jut.“

Als Benni aus der Narkose erwachte, bekam er die gute Nachricht, dass lediglich weitere Gewebeproben entnommen worden waren. Wieder verging eine lange Zeit des Wartens. Zwei Wochen zogen langsam dahin, bis der endgültige Befund fest stand und der behandelnde Arzt uns erfreut mitteilte: „Alle pathologischen Ergebnisse sind negativ, es ist kein Krebs mehr nachweisbar. Wir stehen vor einem Rätsel, haben keine Erklärung für das Geschehene und haben etwas Vergleichbares noch nicht erlebt. Für heute entlassen wir Benni als geheilt, werden ihn aber engmaschig nachuntersuchen".

Noch am selben Tag fuhren Benni und seine Mutter zu mir nach Hause. Als wir bei einer guten Kanne Tee gemütlich auf dem Sofa saßen, trafen Benni und seine Mutter die Entscheidung, Gott in ihr Leben einzuladen. Der Friede Gottes ließ nicht lange auf sich warten und entspannt lehnte sich Bennis Mutter in die Kissen zurück, schloss die Augen, atmete tief durch und sagte lächelnd: „Jetzt brauche ich nichts mehr."

Gedanken zur Vertiefung

☺ Wir leben in einer Zeit, in der Wissenschaft, Technik und Fortschritt hohe Erwartungen wecken, die Schöpfung in ihrer Ganzheit zu erklären und zu erfassen. Es ist jedoch so, dass nicht nur das, was messbar ist, zur Schöpfung gehört, sondern auch das Nichtmessbare. In diesem nichtmessbaren Bereich handelt Gott durch unser Gebet, bis die Auswirkungen für uns sichtbar sind.

Affirmation

Heute entscheide ich mich, für die Wunder Gottes offen zu sein. Dankbar erkenne ich an, dass vor Gott nichts unmöglich ist.

Befiehl dem Herrn
deinen Weg
und vertraue auf ihn,
so wird er handeln.

Psalm 37,5

Der Stimme des Herzens vertrauen

Wenige Tage nach Bennis Spontanheilung bestellte ich den Maler in unsere Wohnung, um das Schlafzimmer streichen zu lassen. Früh am Morgen klingelte es an der Haustür und gegenüber stand mir ein großer, kräftiger Mann mit weißer Latzhose, weißem Basecup. Um sich herum drapiert hatte er eine Vielzahl von Farbeimern, Pinseln, Abdeckfolien, und unter dem Arm trug er ein kleines Kofferradio.

„Ick komm hier zum malern", sagte er spröde und schlurfte mit seinem Gepäck durch die Wohnung bis ins Schlafzimmer. Als er unser Bett sah, fragte er trocken mit einem verschmitzten Lächeln: „Wat is'n dit für'n Raumschiff?" und lachend antwortete ich: „Das ist unser Raumschiff Surprise". Das Eis war gebrochen und wir lachten beide herzhaft, offensichtlich hatten wir den gleichen Humor, was in Aussicht stellte, dass es ein lustiger Tag werden könnte.

Andre fing an zu streichen und während er arbeitete, füllte das kleine Kofferradio lautstark den Raum mit einem Regionalsender. Von Zeit zu Zeit brachte ich ihm eine heiße Tasse Kaffee und setzte mich zu ihm. Wir redeten über Gott und die Welt und nichts blieb von ihm unkommentiert in seiner typisch berlinerischen Art: eine echte Schnauze mit Herz, bei der kein Auge trocken blieb.

Immer wieder zog es mich zu ihm, und nach ein paar Stunden war unser Umgang schon fast vertraut. Doch dann veränderte sich seine Stimme und in einer ernsthaften und weichen Art erzählte er plötzlich, dass er vor ein paar Jahren sehr krank gewesen sei. Ich spürte, dass er über eine persönliche Sache mit mir sprechen wollte, aber er rückte nicht konkret mit der Sprache heraus. Während er dabei war, die Wand zu streichen, hatte ich auf einmal den Eindruck in meinem Herzen, dass ich ihm die Geschichte von Benni erzählen sollte, und so berichtete ich detailliert die Geschehnisse der letzten Wochen. Dieses Mal hörte Andre nur zu, es war still geworden im Schlafzimmer.

Plötzlich drehte der Maler sich mit hochrotem Kopf zu mir um und sagte erstaunt: „Dit is ja meene Jeschichte!" und nach einer kleinen Pause fügte er verlegen hinzu: „Aber bei mir ging dit nich so jut aus."

„Das tut mir sehr leid," sagte ich, „da haben Sie sicher viel durchgemacht". Er nickte. „Aber wenn ick meenen Jesus nich jehabt hätte, ick wes nich wo ick heute wär," sagte er mit gefasster Stimme.

Und dann erzählte er mir, wie er in dieser schweren Zeit seine Entscheidung für ein Leben mit Gott traf und wie sehr ihn die Begegnung mit Jesus gestärkt und verändert hatte.

Ich erkannte an diesem Nachmittag, dass es richtig gewesen war, der Stimme in meinem Herzen zu folgen und Andre mit dieser Geschichte zu konfrontieren. Gott hatte eine Tür aufgetan und unsere Begegnung auf eine ganz neue Ebene gestellt.

Gegen Abend waren die Malerarbeiten abgeschlossen und beim Hinausgehen stand Andre in der Tür und sagte sichtlich berührt: „Danke. Dit war wohl Malern mit Betreuung." „Bis zum nächsten Mal," antwortete ich freundlich, schloss die Tür und dachte noch lange über unser Gespräch nach.

Gedanken zur Vertiefung

Wir leben in einer Zeit, in der uns abverlangt wird, die meisten unserer Entscheidungen rational, logisch und ausschließlich vom Intellekt her zu treffen. Dabei haben wir es im Laufe der Zeit verlernt, auf die Stimme in unserem Herzen zu hören. Gott liebt es aber, sich durch die Stimme unseres Herzens zu offenbaren. Es bedarf einiger Übung, Geduld und Zeit, bis wir die Stimme in unserem Herzen vernehmen. Wenn es uns jedoch gelingt, dieser Stimme wieder den Raum zu geben, der ihr gehört, und ihr nachfolgen, werden wir durch Gottes Hand in ein Leben voller Abenteuer mit hineingenommen, in dem es nie langweilig wird.

Affirmation

Heute entscheide ich mich, der Stimme meines Herzens mehr und mehr zu folgen.

Hörempfehlung

♪ CD „Komm, jetzt ist die Zeit"
Titel: „Wahrer Glaube"

Eines Tages kam der Augenblick,
wo das Risiko,

fest in einer Knospe
verschlossen zu bleiben,

schmerzhafter war
als das Risiko zu erblühen.

Der siebte Schritt

Das Leben wählen

Als Christ zu leben, muss einen erkennbaren Vorteil in sich bergen, weil es sonst wohl kaum einen Menschen gäbe, der diesen Glaubensschritt freiwillig gehen würde. Wer in göttlicher Beziehung lebt, erfährt bedingungslose Liebe, bekommt Autorität über sein Leben, und die ihn umgebenden, regierenden Umstände erwachsen aus der neuen Identität in Christus, so wie es in 2.Korinther 5,17 steht: *„Daher, wenn jemand in Christus ist, so ist er eine neue Schöpfung; das Alte ist vergangen, siehe, Neues ist geworden."* Mit dieser in Christus neuen Person können wir über Umstände bestimmen, wenn wir in die Wahrheit hineingehen als seine Nachfolger. In Johannes 14,6 spricht Jesus: *„Ich bin der Weg und die Wahrheit und das Leben. Niemand kommt zum Vater als nur durch mich."*

Der erste Schritt ist das Erkennen, der zweite das Bekennen, der dritte, IHN zu ernennen als höchste und heiligste Instanz in Ihrem Leben. Was dann folgt, ist eine neue göttliche Kraft, die in unser Leben hineinfließt, gerade auch in die sichtbaren Dinge. Hier schaffen wir die Voraussetzungen, um zur rechten Zeit in die Wunderwelt Gottes mit hineingenommen zu werden.

Unter dem Kreuz Jesu Christi zu stehen heißt, Heilung zu erleben, die an der Wurzel beginnt, gemeint ist Ihr Herz. Ein geheiltes Herz ist gefüllt mit der Liebe Gottes und es ist ihm ein fast zwingendes Bedürfnis, diese Liebe weiterzugeben, immer aus dem Wissen heraus, dass die eigene Quelle nie versiegt, *„denn bei dir ist der Quell des Lebens; in deinem Licht sehen wir das Licht"* (Psalm 36,10) sagt die Bibel.

Das ist Gottes Plan, er will Sie zu einem regelrechten Liebesverschwender machen, der die Welt erhellt und beschenkt mit guten Taten, der Sie als lebendiges Zeugnis in die Welt aussendet, um selbst ein Licht zu sein in einer dunklen, hungrigen, nach Liebe schreienden Welt. Als Christ zu leben heißt, den lebendigen, wiederauferstandenen Jesus Christus in sich zu erleben und seine Liebe in sich zu tragen. Es gibt keine stärkere Kraft, die Ihr Leben segnet, als die Liebe.

Im Wort steht, dass Gott die Liebe ist (1.Johannes 4,16), was also kann wichtiger sein, als in SEINER Liebe zu leben?

Als Christ zu leben heißt, in der Hoffnung leben zu können, dass Gott Sie in Ihre Berufung hineinführt und Sie am Ende Ihres Lebens Grund haben, Erntedank zu feiern, weil Ihr Leben vollständige Versorgung erlebt und Frucht gebracht hat. In der Hoffnung zu leben heißt zu erwarten, dass Sie nach Ihrem Tod in die Ewigkeit eintreten werden und ewiges Leben erhalten, dass Sie eines Tages in die Augen von Jesus schauen und Ihre Wohnstätte die Herrlichkeit Gottes sein wird. Wie wunderschön fasst Jesus es im Johannesevangelium 5,24 zusammen: *„Wahrlich, wahrlich, ich sage euch: Wer mein Wort hört und glaubt dem, der mich gesandt hat, der hat ewiges Leben und kommt nicht ins Gericht, sondern er ist aus dem Tod in das Leben übergegangen."*

Darauf baut die Hoffnung eines jeden Christen. Hoffnung ist eine Brücke, die in den Frieden des Herrn führt, Friede, der Sie befähigt, stark und im Herrn verankert durch das Leben zu gehen. All dem geht der Glaube voraus, Jesus selbst ist *„Anfänger und Vollender des Glaubens"* (Hebräer 12,2) und sein Leben zeigt, wozu der Glaube befähigt.

Glaube ist eine Kraft, die das Leben verändern kann, doch Glaube kommt vom Hören. Einen Gottesdienst zu besuchen und mit einer lebendigen Predigt gefüttert zu werden, sättigt den geistigen Hunger, erfreut die Seele und stärkt den Glauben. Es gibt so viele Zeugnisse, Lebenswege von Menschen, die durch den Glauben an Jesus Christus ein neues Leben begonnen haben. Da gibt es ehemalige Drogenabhängige, die von ihrer Sucht frei geworden sind, Alkoholiker die trocken wurden, Zuhälter, die einen Barmherzigkeitsdienst gegründet haben, Straßenkinder, die ein Zuhause bekamen, Prostituierte, die von der Liebe Jesu berührt wurden, ihren wahren Wert erkannten und umkehrten, Schwerverbrecher, die ihre Schuld dem Herrn brachten, Buße taten und Vergebung erfuhren. Da steckt eine unbeschreibliche Kraft im Glauben, Übermenschliches zu vollbringen.

Das ist unser Gott, der eine lebendige Liebe verschenkt

Das ist unser lebendiger Gott, der auferstanden ist von den Toten, der eine lebendige Liebe verschenkt und nichts vor Ihnen zurückhält. Skeptiker bringen an dieser Stelle gern ein „aber“ und argumentieren mit dem Leid der Welt. Es geht nicht darum, die Welt mit einem Fingerschnipp von ihrem Leid zu erlösen. Aktivierter Glaube setzt eine Kraft frei, die Sie in der Konkretion befähigt, Ihr Leben zu verändern und etwas zu erreichen, was Sie aus eigener Kraft dauerhaft nicht erreichen können.

Jesu Verhalten hatte Auswirkungen, auch unser Verhalten durch den, der in uns wohnt, sollte Auswirkungen haben. Ich hörte von einer Frau aus einer anderen Gemeinde, die in sich den Ruf vernahm, nach Brasilien zu gehen, um dort in einem Armenviertel einen medizinischen Dienst aufzubauen. Dieses Ziehen war so stark und Gottes Ruf für diesen Dienst so deutlich, dass sie es tat und heute eine große medizinische Station in Brasilien leitet. Das ist mit Konkretion gemeint, nicht gleich ganz Südamerika von der Not zu befreien, sondern Einzelschicksale zu erreichen.

Jesus lebt diese Konkretion vor. Er selbst ging Schritt für Schritt und somit Glaubensschritt für Glaubensschritt von Stadt zu Stadt und wirkte dort im Glauben konkret, immer dem Auftrag folgend, diese Welt zu erretten. Jede Hinwendung zu einem bedürftigen Menschen verbindet er mit einem individuellen Wort, ganz konkret auf die jeweilige Situation ausgewählt. Er pauschalisiert nicht und spricht Heilungsworte über alle Kranken auf dieser Welt aus, sondern erst die direkte Hinwendung im Glauben an den Einzelnen zieht eine übernatürliche Veränderung nach sich.

Lesen wir dazu die Geschichte in Matthäus 9,20-22. Da ist die kranke, blutflüssige Frau, die Jesus von hinten an seinem Gewand berührte, stark im Glauben, dass sie nun geheilt sei. Und achten wir jetzt darauf, wie Jesus sich hier verhält. Er geht nicht einfach weiter, sondern er dreht sich um, sieht sie an und spricht zu ihr. Das ist ein Beispiel von konkreter geisterfüllter Beziehung.

Ein anderes Beispiel für gelebten Glauben, der in der Konkretion zu großen Dingen befähigt, ist ein Pastor aus Berlin, der eine kostenlose Mittagsküche für Kinder in einem sozial schwachen Stadtteil ins Leben rief. Sicherlich verdeutlicht dieses Handeln die folgende Bibelstelle in Johannes 14,12: *„Wahrlich, wahrlich, ich sage euch: Wer an mich glaubt, der wird auch die Werke tun, die ich tue, und wird größere als diese tun, weil ich zum Vater gehe.“* Ebenso wichtig wie erwähnenswert ist an dieser Stelle Jakobus 2,17: *„So ist auch der Glaube, wenn er keine Werke hat, in sich selbst tot.“*

Mit dem Glauben ist es wie mit einem Muskel. Beim Aktivieren wird er wachsen und mit der Zeit Ihr Herz verändern, und in Ihnen eine Kraft freisetzen, die Sie befähigen wird, in der Konkretion ins Handeln zu kommen. Aktivierter Glaube muss sichtbare und erlebbare Auswirkungen und Vorteile bringen, ansonsten wäre das Leben als Christ unglaubwürdig und überflüssig.

Konkretion im Alltag bedeutet, ein sündhaftes Laster, das längst zur Gewohnheit wurde, aufgeben zu können, ohne dass Sie sich aus eigenen Kräften anstrengen müssen. Schlechte Gewohnheiten haben die Eigenschaft Sie einzuengen und sind wie Ketten, die sich um Ihr Leben legen, die mit der Zeit keine freien Entscheidungen mehr zulassen. Das kann z. B. heißen, dass aus der anfänglich einen Flasche Bier am Abend irgendwann zwei bis drei wurden, später fünf bis sechs und nach einigen Jahren sogar doppelt so viel. Das sind schleichende Prozesse, in denen der Feind beständig mehr Raum in Ihrem Leben einnimmt und sein unsichtbares Netz der Lüge baut, immer mit dem einen Ziel, Sie eines Tages ganz zu verschlingen.

Niemand nimmt sich vor, eines Tages einmal Opfer zu sein. Wenn Sie kleine Kinder befragen, welchen Berufswunsch sie einmal haben, dann antworten sie Astronaut, Feuerwehrmann, Tierärztin, usw. Aber keines der Kinder sagt: „Später da möchte ich einmal Alkoholiker, Prostituierte, Mörder oder Betrüger werden.“ Es muss also etwas passieren, was den Menschen verführt und vom Willen Gottes wegführt, hinein in ein komplexes System von Verstrickungen.

Wer Gott aufgibt,
löscht die Sonne aus,
um mit einer Laterne
weiterzuwandeln.

Christian Morgenstern

Leben im Licht

Schritt für Schritt kann Dunkelheit und Tod in eine Seele eindringen, wenn die Seele selbst nicht in der Liebe zum Herrn verankert und beheimatet ist. Viele Menschen verlieren so ihr Leben, weil sie aus eigener Kraft nicht aus dieser Gefangenschaft herauskommen. Wenn Sie aber in der Liebe und im Willen des Herrn fest verankert sind, wenn Sie wissen wer Sie in IHM sind und die geistigen Zusammenhänge transparent sind, dann sind Sie geschützt. *„Mit seinen Schwingen deckt er dich, und du findest Zuflucht unter seinen Flügeln. Schild und Schutzwehr sind seine Treue“* (Psalm 91,4).

Und es gibt noch eine Gute Nachricht: Mit dem Glauben an Jesus Christus und allen daraus entstehenden Schritten wird in Ihnen eine Kraft freigesprochen, die Sie befähigen wird, bereits längst verloren geglaubtes Land zurück zu erobern. In Prediger 3,15 verheißt uns die Schrift: *„Gott sucht das Entschwundene wieder hervor.“*

Wahrscheinlich sind solche Glaubensschritte die Wichtigsten, weil sie uns wieder in die vollständige Lebenskraft zurückführen und sichtbar sind. Denn wenn Sie Ihren Körper vernachlässigen und zerstören, worin wollen Sie dann leben? Das Beste, was Sie Ihrem Körper tun können, ist Ihren Geist zu erneuern, zu erfrischen, mit Worten aus der Heiligen Schrift. Wenn Sie hierauf gegründet sind, werden Sie auch für Ihren Körper gesunde Entscheidungen treffen. Ihr Körper hat einen ganz einfachen Geschmack: Er gibt sich immer mit dem Besten zufrieden, und das was wir heute in ihn hineingeben, kommt eines Tages als Stärke oder Schwäche wieder hervor.

Ein gesundeter Geist wird in einem gesundeten Körper wohnen, das lehrt uns das Wort. Die Schrift sagt aber auch, dass die Erkenntnisse uns erst nach und nach erreichen werden, denn *„jetzt erkenne ich stückweise, dann aber werde ich erkennen, wie auch ich erkannt worden bin“* (1.Korinther 13,12).

Deshalb: Alles was Sie heute nicht erfassen können, soll Sie bestärken in Ihrem Vorhaben, an das Wort Gottes zu **glauben** und Weisheit zu erbitten. Auch wenn Sie es noch nicht verstehen, so ist

Jesus Christus doch das Beste wofür Sie sich entscheiden und woran Sie glauben können. Jesus ist an Ihren Nöten und an Ihrem Wohlergehen interessiert, deshalb vertrauen Sie in den Namen Jesus, in seinem Namen ist die Kraft. Jesus sagt zu Ihnen: *„Ich bin der Weg, die Wahrheit und das Leben"* (Johannes 14,6).

Wählen Sie das Leben! Ergreifen Sie diesen Satz, gehen Sie seinen Weg, bleiben Sie in der Wahrheit und empfangen Sie Leben! *„Und es wird geschehen: jeder, der den Namen des Herrn anrufen wird, wird errettet werden"* (Apostelgeschichte 2,21).

Gedanken zur Vertiefung

☺ Nehmen Sie Ihre Bibel und lesen Sie „Die Freude, in dem Hause Gottes zu sein" (Psalm 84)

Schritte zur Vertiefung

Nun ist es so weit, Sie haben viel gehört und gelesen, was es heißt in „SEINER Liebe zu leben." Jetzt sind Sie eingeladen, weitere Schritte zu gehen.

- Beginnen Sie damit, jeden Sonntag den Gottesdienst zu besuchen und Gemeinschaft mit Christen zu finden. Das ist ein sehr wichtiger und wohltuender Schritt.
- Finden Sie eine Gemeinde, die Ihnen bibeltreu das Wort lehrt, in der die Liebe Jesus sichtbar ist und in die es Sie hinzieht. Vertrauen Sie hierbei der Stimme Ihres Herzens, und fragen Sie Gott.
- Die meisten evangelischen Gemeinden bieten einen Alpha-Kursus an. Das ist ein Einführungskursus, der über die Inhalte des christlichen Glaubens informiert und in dem Sie in lockerer Atmosphäre mit Ihren Fragen herzlich willkommen sind. Die Teilnahme ist kostenlos und es ist eine gute Gelegenheit erste persönliche Kontakte zu knüpfen.

- Verbringen Sie Zeit, auf IHN zu warten, und lesen Sie betend die Bibel.
- Finden Sie Frieden mit Gott unter dem Kreuz von Jesus Christus.
- Bleiben Sie immer dankbar und genießen Sie Ihre Freundschaft mit Gott.

Zu guter Letzt

Epheser 5,2

Anhang

Erklärung

Affirmation bedeutet Bejahung, Zustimmung. Affirmation ist ein aktiver Schritt, in Worten teilzuhaben.

Hörempfehlungen

Musik

„Komm, jetzt ist die Zeit“, vineyard music

„We believe”, Projektion J

„Nahe am Vaterherz“, Premium Collection

http:// www.gerth.de, Tel: 06443-6832

„Lobpreis aus Berlin, live 3”, Light of Life Music Berlin,

„dankbar”, Light of Life Music Berlin,

Musikverlag Christoph Bonnen, http:// www.lolmusic.de

Telefon: 030-8579 1987

Predigten auf CD oder Kassette

Live-Mitschnitte aus den Gottesdiensten

der Gemeinde auf dem Weg , Berlin

Predigten zum Downloaden

Aufbruch Verlag

http:// www.aufbruch-verlag.de, Telefon: 030-8579 1965

Fernsehpredigten mit Bayless Conley

Auf **CNBC** samstags, 9.00 Uhr und Sonntags 8.30 Uhr
mit deutschen Untertiteln.

Video-Kassetten über CCCTV Europa, Postfach 890551,
13023 Berlin, Tel.: 030 – 96200460, http:// www.ccctv.de

Fernsehpredigten

Auf **VOX,** jeden Sonntag von 8.00 - 9.00 Uhr, in deutscher Sprache.
http://www.hourofpower.de

Hörbuch

Das Hörbuch wurde aufgenommen im **Studio 116**
Tontechnik: Georg Kempa, Berlin,
http:// www.studio116.de

Sprecherin: Almut Eggert
Musik: Astrid Gruhlke

Danksagung

Vielen sage ich Dank und er kommt von Herzen.

Zuallererst danke ich meinem lieben Mann, der mir den Freiraum ermöglichte überhaupt schreiben zu können, indem er sich in unzähligen Stunden liebevoll um unsere Kinder kümmerte während unserer Aufenthalte in unserem Ferienhaus und ich dadurch in den unverzichtbaren Flow des Schreibens eintauchen konnte. Ohne dich, Manfred, wäre dieses Buch so nie entstanden. Danke!

Mein tiefempfundener Dank gilt auch Almut Eggert, die mit ihrem Niveau an Professionalität, ihrer Geduld, ihrer Erfahrung und ihrer gesegneten Stimme dem Hörbuch einen einzigartigen Charakter verlieh. Danke, Almut, dass du von Anfang an an mein Projekt geglaubt hast und nie müde wurdest mich zu ermutigen, weiterzumachen. Die Zusammenarbeit mit dir war ein echtes Privileg. Du bist eine starke Frau im Glauben.

Für den Entstehungsweg dieses Buches möchte ich mich bei zwei Lektoren bedanken, die mich durch ihr positives Feedback ebenfalls ermutigten, unbedingt weiter zu schreiben. Meinen Dank richte ich an Herrn Jablonski vom Brunnen Verlag für die intensiven Telefonate und Briefwechsel und die dadurch ausgedrückte Wertschätzung. Dank auch an Herrn Schreurs vom Leuchter Verlag, der mir seine Begeisterung nicht vorenthielt und mir einen Platz in seinem Verlagsprogramm anbot.

Ich danke Rolf, dem Verlagsleiter vom Aufbruch Verlag, für die Entstehung dieses Buches. Ich konnte es erst gar nicht glauben und habe mich gewundert, wie ich nur so viel Glück haben konnte, mit dir dieses Buch ins Leben zu rufen. Danke, Rolf, für dein Vertrauen und deine Offenheit, die die Zusammenarbeit echt fruchtbar gemacht haben; danke für deine Bodenständigkeit, deine Ehrlichkeit und deine vielen tollen kreativen Ideen, die das Buch zu etwas ganz Besonderem machen.

So stehen viele Menschen hinter diesem Buch, die mit ihrem Zutun dazu beigetragen haben.

Ich danke Pastor Dr. Wolfhard Margies, der einer Veröffentlichung zustimmte.

Ich danke Astrid für die Hörbuch-Musik, die genauso geworden ist, wie ich es mir vorgestellt habe. Ich danke Georg aus dem Studio 116, der ruhende Pol hinterm Mischpult, mit dem es eine Freude ist, zusammenzuarbeiten. Ich danke Abigail für ihre liebevollen Illustrationen.

Mein Dank gilt auch Marion und Jörg aus dem Gemeinde-Buchladen für ihren Zuspruch, der mir viel bedeutet.

Ich danke Lilli, Marina, Gabi und so vielen anderen Freunden, die mit ihrem Enthusiasmus zur Entstehung dieses Buches beigesteuert haben.

Und schließlich das Wichtigste: Mein tiefempfundener Dank gilt Gott, der mir von Zeit zu Zeit zuflüsterte, weiter zu schreiben und mich beständig beim Schreiben mit Freude und Frieden beschenkte. Ich danke Gott für die Offenbarung seines Wortes, die mich hungrig gemacht hat, ihm weiter nachzugehen. Voller Dankbarkeit schaue ich auf die vielen Menschen, die Gott zusammengeführt hat, um dieses Werk entstehen zu lassen

Ein Traum wird wahr. Danke, danke. Ein Leben voller Bücher liegt vor mir.

Nicole Bernard

Biografie

- **Nicole Bernard** wurde 1963 in Bremen geboren und lebt seit 1993 in Berlin.
- In ihrer Tanzschule unterrichtet sie seit 1989 und mit ihrem solistischen Tanzprogramm arbeitete sie bis 1999 auf einem der fünf weltbesten Kreuzfahrtschiffe, der „MS Europa“ .
- Ein Jahr später absolvierte sie ihre Ausbildung zur staatl. gepr. Heilpraktikerin für Psychotherapie und schloss daraufhin, nach vier Semestern die Bibelschule in Berlin erfolgreich ab.
- Nicole Bernard ist verheiratet, Mutter von fünf Kindern und schreibt derzeit an ihrem dritten Kinderbuch.

Sie können über die folgende Internet-Adresse oder über den Verlag Kontakt zu der Autorin aufnehmen. Berichten Sie doch, was Sie mit diesem Buch erlebt haben und wie Gott in Ihrem Leben wirksam geworden ist. Gerne antworten wir Ihnen. Sie erreichen die Autorin wie folgt:

http://www.nicole-bernard.de

Bibelleseplan (© Deutsche Bibelgesellschaft, Stuttgart)

Januar

1. Ps 145
2. Ps 121
3. Ps 32
4. Ps 62
5. Ps 116
6. Mt 2,1-12
7. Mt 2,13-23
8. Lk 2,41-52
9. Mt 3,1-12
10. Mt 3,13-4,11
11. Mt 4,12-22
12. Lk 5,1-11
13. Mt 4,23-5,12
14. Mt 5,13-20
15. Mt 5,21-26
16. Mt 5,27-32
17. Mt 5,33-37
18. Mt. 5,38-48
19. Mt 6,1-18
20. Mt 6,19-34
21. Mt 7,1-11
22. Mt 7,12-29
23. Mt 8,1-13
24. Mt 11,2-19
25. Mt 11,20-30
26. Mt 18,21-35
27. Mt 20,1-16
28. Mk 2,1-12
29. Mk 2,13-17
30. Mk 2,18-22
31. Mk 2,23-3,6

Februar

1. Mk 3,20-35
2. Mk 4,1-9.13-20
3. Mk 4,26-34
4. Mk 4,35-41
5. Mk 5,21-43
6. Mk 6,1-6
7. Mk 6,14-29
8. Mk 7,1-23
9. Mk 7,24-30
10. Mk 8,27-38
11. Mk 8,2-10
12. Mk 9,14.27
13. Lk 7,36-50
14. Lk 9,51-62
15. Lk 10, 25-37
16. Lk 10,38-42
17. Lk 12,13-21
18. Lk 13,1-9
19. Lk 15,1-10
20. Lk 15, 11-32
21. Lk 16, 19-31
22. Lk 18,9-14
23. Lk 19, 1-10
24. Joh 2,1-12
25. Joh 3,1-21
26. Joh 4,1-30
27. Joh 5,1-18
28. Joh 6,1-15
29. Joh 6,16-35

März

1. Joh 6,41-59
2. Joh 6,60-71
3. Joh 8,1-11
4. Joh 10,1-16
5. Joh 11,1-16
6. Joh 11,17-44
7. Joh 11,45-57
8. Mk 10,2-9
9. Mk 10,13-16
10. Mk 10,17-31
11. Mk 10,32-45
12. MK 10,46-52
13. MK 12,1-12
14. Mk 12,13-17
15. Mk 12,18-27
16. Mk 12,28-37
17. MK 12, 37b-44
18. Joh 13,1-17
19. Joh 14,1-14
20. Joh 14,15-31
21. Joh 15,1-17
22. Joh 17,1-26
23. Ps 51
24. Ps 42-43
25. Ps 22
26. Hiob 1,1-22
27. Hiob 2,1-10
28. Hiob 2,11-3,26
29. Hiob 7,1-21
30. Hiob 8,1-22
31. Hiob 9,1-35

April

1. Hiob 15,1-35
2. Hiob 19,1-29
3. Hiob 30,24-31,40
4. Hiob 38,1-40,2
5. Hiob 42,1-17
6. Ps 23
7. Ps 73
8. Ps 30
9. 1.Mose 1,1-2,4a
10. 1.Mose 2,4b-25
11. 1.Mose 3,1-24
12. 1.Mose 4,1-16
13. 1.Mose 6,5-22
14. 1.Mose 7,1-23
15. 1.Mose 8,1-22
16. 1.Mose 9,1-17
17. 1.Mose 11,1-9
18. 1.Mose 12,1-9
19. 1.Mose 13,1-18
20. 1.Mose 16,1-16
21. 1.Mose 17,1-27
22. 1.Mose 18,1-15
23. 1.Mose 18,16-33
24. 1.Mose 19,1-19
25. 1.Mose 21,1-21
26. 1.Mose 22,1-14
27. 1.Mose 24,1-27
28. 1.Mose 24,28-67
29. 1.Mose 25, 19-34
30. 1.Mose 27,1-29

Mai

1. 1. Mose 27,30-45
2. 1. Mose 28,10-22
3. 1. Mose 29,1-30
4. 1. Mose 30,25-43
5. 1. Mose 31,1-21
6. 1. Mose 32,4-22
7. 1. Mose 32,23-33
8. 1. Mose 33,1-10
9. 1.Mose 37,1-11
10. 1.Mose 37,12-36
11. 1.Mose 39,1-23
12. 1.Mose 40,1-23
13. 1.Mose 41-1,24
14. 1.Mose 41,25-52
15. 1.Mose 41,53-42,26
16. 1.Mose 42,27-38
17. 1.Mose 43,1-34
18. 1.Mose 44,1-17
19. 1.Mose 44,18-45,15
20. 1.Mose 45,16-28
21. 1.Mose 47,27-48,22
22. 1.Mose 50,14-26
23. 2.Mose 1,1-22
24. 2.Mose 2,1-10
25. 2.Mose 2,11-25
26. 2.Mose 3,1-17
27. 2.Mose 5,1-6,1
28. 2.Mose 12,1-28
29. 2.Mose 12,29-42
30. 2.Mose 13,17-14,9
31. 2.Mose 14,10-31

Juni

1. 2. Mose 15,1-21
2. 2. Mose 16,1-21
3. 2. Mose 16,22-30
4. 2 Mose 17,1-13
5. 2. Mose 19,1-25
6. 2. Mose 20,1-21
7. 2. Mose 24,12-18; 32,1-8
8. 2. Mose 32,15-35
9. 2.Mose 33,1-23
10. 2Mose 39,32-40,38
11. 3.Mose 16,1-34
12. 3.Mose 19,1-18.31-37
13. 4.Mose 6,1-8.22-27
14. 4.Mose 13,1-14,10
15. 4.Mose 14,11-45
16. 5.Mose 1,1-5;6,1-25
17. 5.Mose 12,1-19
18. 5.Mose 15,1-18
19. 5.Mose 16,1-17
20. 5.Mose 28,69; 30,11-20
21. 5.Mose 31,1-13
22. 5.Mose 34,1-12
23. Jos 1,1-9
24. Jos 2,1-24
25. Jos 6,1-27
26. Jos 23,1-16
27. Jos 24,1-28
28. Ri 2,6-23
29. Ri 4,1-24
30. Ri 6,1-24

Juli

1. Ri 6,25-40
2. Ri 7,1-22
3. 1.Sam 1,1-20
4. 1.Sam 1,21-2,10
5. 1.Sam 3,1-4,1
6. 1.Sam 8,1-22
7. 1.Sam 9,1-24a
8. 1.Sam 9,24b-10,16
9. 1.Sam 10,17-27
10. 1.Sam 11,1-15
11. 1.Sam 15,1-35
12. 1.Sam 16,1-13
13. 1.Sam 17,1-30
14. 1.Sam 17,31-54
15. 1.Sam 17,55-18,16
16. 1.Sam 19,1-12
17. 1.Sam 22,1-2;23,1-13
18. 1.Sam 24,1-23
19. 1.Sam 28,3-25
20. 1.Sam 31,1-13
21. 2.Sam 1,1-27
22. 2.Sam 2,1-11
23. 2.Sam 4,1-2.5-12
24. 2.Sam 5,1-12
25. 2.Sam 7,1-29
26. 2.Sam 11,1-27
27. 2.Sam 12,1-25
28. 2.Sam 24,1-25
29. 1.Kön 1,1-53
30. 1.Kön 3,1-28
31. 1.Kön 6,1-13; 8,1-13

August

1. 1.Kön 8,14-30.54-61
2. 1.Kön 10,1-13;11,1-13
3. 1.Kön 11,41-12,20
4. 1.Kön 12,25-13,10
5. 1.Kön 16,29-17,24
6. 1.Kön 18,1-46
7. 1.Kön 19,1-21
8. 1.Kön 21,1-29
9. 2.Kön 2,1-18
10. 2.Kön 5,1-27
11. 2.Kön 17,1-23
12. Hos 1,1-9
13. Hos 8,1-14
14. Hos 11,1-11
15. Am 3,1-15
16. Am 5,1-17
17. Am 5,18-24
18. Am 7,1-17
19. 2.Kön 18,1-37
20. 2.Kön 19,1-37
21. 2.Kön 24,8-17
22. 2.Kön 24,18-25,21
23. Jer 1,1-19
24. Jer 2,1-13
25. Jer 7,1-20
26. Jer 19,1-13
27. Jer 19,14-20,18
28. Jer 27,1-22
29. Jer 28,1-17
30. Jer 29,1-20
31. Jer 31,27-37

September

1. Jer 37,1-21
2. Jer 38,1-13
3. Jer 38,14-28;39,11-14
4. Hes 1,1-28a
5. Hes 1,28b-3,15
6. Hes 8,1-18
7. Hes 11,1-21
8. Hes 16,1-43
9. Hes 18,1-32
10. Hes 34, 1-30
11. Hes 37,1-14
12. Dan 1,-21
13. Dan 3,1-30
14. Dan 5,1-6,1
15. Dan 6,2-29
16. Dan 7,1-28
17. Esra 1,1-11
18. Esra 3,1-13;6,15-22
19. Esra 7,12-28
20. Neh 8,1-18
21. Neh 9,1-37
22. Neh 10,1-40
23. Ps 1
24. Ps 119,89-112. 169-176
25. Apg 3,1-26
26. Apg 4,1-22
27. Apg 4,32-5,11
28. Apg 5,12-42
29. Apg 6,1-15
30. Apg 7,1-8,1

Oktober	November	Dezember
1. Apg 8,2-8.26-40	**1.** Röm 5,1-11	**1.** Offb 12,1-17
2. Apg 9,1-25	**2.** Röm 8,1-17	**2.** Offb 21,1-22,5
3. Apg 10,1-33	**3.** Röm 8,18-39	**3.** Jes 6,1-13
4. Apg 10,34-11,18	**4.** Röm 12,1-21	**4.** Jes 7,1-17
5. Apg 11,19-26;15,1-5	**5.** Röm 14,1-23	**5.** Jes 8,11-2015
6. Apg 15,6-35	**6.** 1.Kor 1,1-25	**6.** Jes 8,21-9,6
7. Apg 16,1-15	**7.** 1.Kor 1,26-2,5	**7.** Jes 10,33-11,10
8. Apg 16,16-40	**8.** 1.Kor 3,1-23	**8.** Jes 2,1-5
9. Phil 1,1-26	**9.** 1.Kor 4,1-20	**9.** Jes 30,1-17
10. Phil 2,1-18	**10.** 1. Kor 6,1-20	**10.** Jes 30,18-29
11. Phil 3,1-21	**11.** 1. Kor 7,11-24	**11.** Jes 40,1-11
12. Phil 4,1-20	**12.** 1. Kor 7,25-40	**12.** Jes 40,12-31
13. Apg 17,16-34	**13.** 1. Kor 8,1-13	**13.** Jes 42,18-43,7
14. Apg 18,1-23	**14.** 1. Kor 9,1-27	**14.** Jes 49,13-26
15. Apg 19,21-40	**15.** 1. Kor 11,17-34	**15.** Jes 52,13-53,12
16. Apg 20,1-3.17-38	**16.** 1. Kor 12,1-31	**16.** Jes 55,6-11
17. Apg 21,1-16	**17.** 1. Kor 13,1-13	**17.** Jes 58,1-22
18. Apg 21,17-40	**18.** 1. Kor 15,1-34	**18.** Jes 60,1-22
19. Apg 22,1-29	**19.** 1. Kor 15,35-58	**19.** Jes 65,16b-25
20. Apg 22,30-23,22	**20.** 2. Kor 1,1-2,27	**20.** Lk 1,5-25
21. Apg 23,23-24,23	**21.** 2.Kor 3,1-18	**21.** Lk 1,26-38
22. Apg 24,24-25,12	**22.** 2.Kor4,1-15	**22.** Lk 1,39-56
23. Apg 27,1-26	**23.** 2. Kor 4,16-5,10	**23.** Lk 1,57-80
24. Apg 27,27-44	**24.** 2. Kor 5,11-6,2	**24.** Lk 2,1-20.
25. Apg 28,1-30	**25.** 2. Kor 6,3-7,1	**25.** Joh 1,1-18
26. Röm 1,1-17	**26.** Mt 24,37-25,13	**26.** Lk 2,21-40
27. Röm 1,18-32	**27.** Mt 25,14-30	**27.** Ps 98
28. Röm 2,1-16	**28.** Mt 25,31-46	**28.** Ps 103
29. Röm 2,17-29	**29.** Offb 1,1-3; 4,1-5,14	**29.** Ps 107
30. Röm 3,1-20	**30.** Offb 7,1-17	**30.** Ps 139
31. Röm 3,21-32		**31.** Ps 90